Über dieses Buch Im ersten Teil des Bandes entwickelt Adler gegen die wissenschaftliche Lehrmeinung der meisten seiner Fachkollegen die damals wie heute vielbeachtete These, nach der Homosexualität in der Regel nicht erbbedingt, sondern vorwiegend erworben ist. Gegenüber dem noch heute verbreiteten Vorurteil, Homosexualität sei »Laster«, »Sünde« oder gar »Verbrechen«, argumentiert Adler schlüssig, daß sie »Ausdruck einer starken Entmutigung« – eines Leidens also – ist, das auf »mangelhafter Vorbereitung auf die Geschlechterrolle« beruht und nichts anderes als einen »Fehlschlag bedeutet in der Erziehung zum Mitmenschen«. Homosexualität stelle »ein Training des entmutigten Menschen seit seiner Kindheit dar, um auf dem Wege der Ausschließung von Möglichkeiten einer Niederlage, im Falle der Homosexualität also auf dem Weg der Ausschließung des anderen Geschlechts, der normalen Lösung der Liebesfrage auszuweichen«.
Im zweiten und dritten Teil des Bandes beschäftigt sich Adler mit sexuellen Perversionen (Sadismus und Masochismus, Fetischismus, Exhibitionismus usw.) sowie mit nicht-perversen Störungen des Geschlechtslebens und mit Besonderheiten der Pubertätszeit und der Geschlechtlichkeit bei Männern und Frauen.

Der Autor Alfred Adler wurde 1870 in Wien geboren und arbeitete lange Jahre in seiner Heimatstadt als Arzt. 1902 forderte ihn Sigmund Freud auf, mit ihm in einer Studiengruppe zusammen zu arbeiten. Im Laufe der gemeinsamen Arbeit entwickelte Adler seine eigenen Ansichten, so daß es 1911 zu einem offenen Bruch zwischen beiden kam. Adler begründete nun seine eigene Auffassung der Individualpsychologie mit einer eigenen Schule und einer eigenen Zeitschrift, in der unter anderem die vorliegende Arbeit abgedruckt wurde. Alfred Adler starb 1937.
Von Alfred Adler sind im Fischer Taschenbuch Verlag folgende Bände erschienen: *Menschenkenntnis* (Bd. 6080), *Über den nervösen Charakter* (Bd. 6174), *Der Sinn des Lebens* (Bd. 6179), *Individualpsychologie in der Schule* (Bd. 6199), *Heilen und Bilden* (Bd. 6220), *Praxis und Theorie der Individualpsychologie* (Bd. 6236), *Die Technik der Individualpsychologie* I: ›Die Kunst, eine Lebens- und Krankengeschichte zu lesen‹ (Bd. 6260), II: ›Die Seele des schwererziehbaren Schulkindes‹ (Bd. 6261), *Kindererziehung* (Bd. 6311), *Studie über Minderwertigkeit von Organen* (Bd. 6349), *Lebenskenntnis* (Bd. 6392), *Das Leben gestalten* (Bd. 6393), *Wozu leben wir?* (Bd. 6708), *Neurosen* (Bd. 6735), *Psychotherapie und Erziehung. Ausgewählte Aufsätze* (3 Bände; Bd. 6746, 6747, 6748).

Alfred Adler

Das Problem der Homosexualität und sexueller Perversionen

Erotisches Training und erotischer Rückzug

Neu herausgegeben und eingeleitet
von Prof. Dr. Dr. h. c. Wolfgang Metzger †

Fischer
Taschenbuch
Verlag

23.–24. Tausend: Juli 1993

Veröffentlicht im Fischer Taschenbuch Verlag GmbH,
Frankfurt am Main, 1977

Lizenzausgabe mit freundlicher Genehmigung des
Estate of Alfred Adler, New York
Nach dem Text in den Beiheften der Internationalen
Zeitschrift für Individualpsychologie, Bd. I, 1930
herausgegeben von Dr. Alfred Adler

Umschlagentwurf: Buchholz/Hinsch/Hensinger
Druck und Bindung: Clausen & Bosse, Leck
Printed in Germany
ISBN 3-596-26337-9

Gedruckt auf chlor- und säurefreiem Papier

Inhalt

Einführung

Die Homosexualität stand für ALFRED ADLER offenbar nicht im Mittelpunkt des Nachdenkens. In den zahlreichen Schriften, die die Eigentümlichkeiten der Geschlechter und ihr gegenseitiges Verhältnis und dessen Störungen zum Gegenstand haben, ist sie zum Teil nur erwähnt, zum Teil ganz außer Betracht gelassen.

Die frühesten Bemerkungen stehen in dem Aufsatz über den Aggressionstrieb von 1908[1], in dem die Homosexualität als Beispiel einer »Verschiebung des Triebes auf ein anderes Ziel ... durch Ausschaltung der Norm« angeführt wird, und in der kleinen Arbeit »Zwei Träume einer Prostituierten« aus demselben Jahr[2].

Ihnen folgen 1909 in dem Aufsatz »Über neurotische Disposition«[3] eine Bemerkung, nach der infolge der klaren Entscheidung eines Jungen für das eigene Geschlecht eine Entwicklung zur Homosexualität ausgeschlossen erscheint, und 1910 in der Abhandlung »Der psychische Hermaphroditismus im Leben und in der Neurose«[4] drei weitere Bemerkungen: eine *Rückverweisung* auf »Zwei Träume ...«, wo er einen Zusammenhang zwischen Prostitution und Homosexualität behauptet hatte (S. 85), eine *Erwähnung* der (passiven, männlichen) Homosexualität als Beispiel für »weibliches Gebaren mit männlichen Mitteln« (S. 87) und die *Vermutung*, daß Homosexualität auf Grund einer (durch Erziehungsfehler bedingten) Unsicherheit hinsichtlich der Geschlechtsrolle beim Mann »als Ausweichung vor der gefürchteten Frau« sich ausbilden könne (S. 92).

Ebenfalls 1910 erschien die Abhandlung über »Die psychische Behandlung der Trigeminusneuralgie«[5], in der das Bedin-

[1] Fortschr. d. Medizin Bd. 26, 1908, S. 577–584. Auch in: »Heilen und Bilden«, Fischer Taschenbuch Bd. 6220, S. 53–62.
[2] Z. f. Sexualwiss., Bd. I, 1908, S. 103–106.
[3] Jahrb. f. psychoanalyt. u. psychopathol. Forschung, Bd. 1, 1909, S. 526–545. Auch in: »Heilen und Bilden«, Fischer Taschenbuch Bd. 6220, S. 67–84.
[4] Fortschr. d. Medizin, Bd. 28, 1910, S. 486–493. Auch in: »Heilen und Bilden«, Fischer Taschenbuch Bd. 6220, S. 85–93. Es ist dieselbe Abhandlung, in der ADLER den Begriff des »männlichen Protestes« eingeführt hat.
[5] Zentralblatt f. Psychoanalyse, Bd. 1, 1910, S. 1–10. Wieder abgedruckt in: »Praxis und Theorie der Individualpsychologie«, München 1920, und in: Fischer Taschenbuch Bd. 6236, S. 108–109.

gungsgefüge, das den Übergang zur Homosexualität nahelegt, erstmals etwas eingehender behandelt wird. Der etwas schwierige Text enthält etwa folgende Grundthesen:

1. Primäre, d. h. angeborene, homosexuelle Regungen gibt es nicht.
2. »... der Homosexuelle kommt aus einer Phase der Unsicherheit seiner Geschlechtsrolle zur Inversion.«
3. Dabei wird der Sexualtrieb in den Dienst der Herrschsucht, des »männlichen Protests« gestellt, und zwar bei dem aktiv Homosexuellen direkt, nicht nur symbolisch, bei dem passiv Homosexuellen mehr im Traum und in der Phantasie. Der Sexualakt mit einem männlichen Rivalen symbolisiert dabei den Sieg über ihn.
4. »Der passive Homosexuelle arrangiert ... seinen Umfall ins Weibliche, um sich hinterher scharf zu machen, sich Geltung zu verschaffen durch Eifersüchteleien, Eroberungen oder – Erpressungen.«

(Die Bemerkung über die Möglichkeit des »Arrangements einer Homosexualität« in der Abhandlung »Über männliche Einstellung bei weiblichen Neurotikern«[6] steht noch nicht in der ersten Ausgabe von 1911[7].)

Erstaunlicherweise fehlt in dem Hauptwerk »Über den nervösen Charakter« von 1912 eine zusammenhängende Behandlung der Homosexualität[8]. Es finden sich nur zerstreute Erwähnungen, und auch von diesen enthält nur ein Teil inhaltliche Aussagen über sie.

1. »Homosexualität ... läßt sich immer als ein unbewußtes Ausweichen verstehen, wenn die Eitelkeit des Nervösen in Gefahr kommt« (S. 50).
2. Es kommt vor, daß ein Neurotiker hofft, durch die Verstärkung passiver Züge (u. a. passive Homosexualität) Macht über Männer und Frauen zu gewinnen. (S. 55)
3. Die neurotischen Fiktionen von Mädchen bringen oft »die männliche Neigung zur Überwältigung des Mannes« zum Ausdruck, bei stärkster Sicherung ... auch in homosexueller Richtung. (S. 170)

[6] In: »Praxis und Theorie der Individualpsychologie«, Fischer Taschenbuch Bd. 6236, S. 120–151.

[7] Zentralblatt für Psychoanalyse, Bd. 1, 1911, S. 174–178.

[8] Fischer Taschenbuch Bd. 6174; die Zahlen im Text sind Seitenzahlen dieser Ausgabe.

4. Sich »mit Schmiegsamkeit ein(zu)füg(en), um den anderen zu erobern«, ist auch die Grundlage der passiven Homosexualität. (S. 175)
5. Unter anderem können homosexuelle Neigungen »konstruiert und festgehalten« werden, um der gefürchteten Niederlage bei der normalen Begegnung mit der Frau auszuweichen. (S. 233)
6. In Fällen solcher Art ist der »homosexuelle Einschlag« nur »symbolisch zu verstehen«. (S. 235)
7. und 8. Die Homosexuellen verdanken diese »neurotische Abbiegung von der Norm« ihrer »Furcht vor dem anderen Geschlecht«, vor dem gegengeschlechtlichen Partner (S. 248, 255)[9]

Im Titel einer Arbeit erscheint das Wort Homosexualität zum ersten Mal 1914 in einer amerikanischen Zeitschrift: »The Homosexual Problem«[10]. 1917 folgt dann die erste Auflage der hier wieder vorgelegten Schrift »Das Problem der Homosexualität« bei ERNST REINHARDT in München und im selben Jahr ein zweiter amerikanischer Artikel: »The Homosexual Problem«[11]. 1918 hielt ADLER vor der »Juristisch-medizinischen Gesellschaft in Zürich« einen Vortrag »Über die Homosexualität«, der 1920 in »Praxis und Theorie der Individualpsychologie« abgedruckt wurde.[12] Dieser Vortrag empfiehlt sich zur Einführung; er bietet in gedrängter Form einen umfassenden Überblick. Es folgt 1926 ein kurzer Artikel »Homosexualität« im Handbuch der normalen und pathologischen Physiologie des Menschen und der Tiere«, herausgegeben von BETHE und BERGMANN, Band 14 (1), und 1930 bei HIRZEL in Leipzig eine Neuausgabe des hier nochmals vorgelegten Buches unter dem Titel »Das Problem der Homosexualität: Erotisches Training und Erotischer Rückzug«[13].

Der Text ist jetzt vermehrt um fünf Artikel: über »Sexuelle

[9] In dem ebenfalls zuerst 1912 erschienenen und später in »Praxis und Theorie ...« abgedruckten Artikel »Psychischer Hermaphroditismus und männlicher Protest – ein Kernproblem der nervösen Erkrankungen« (Fischer Taschenbuch Bd. 6236, S. 33 ff) fehlt das Stichwort »Homosexualität«. An der Stelle, wo der Leser es erwartet (S. 38), ist es in dem allgemeinen Ausdruck »alle Perversionen« versteckt.

[10] In: Urol. Cutan. Review, Techn. Suppl., St. Louis, Mo., 1914.

[11] In: Alienist. Neurol., Bd. 38, 1917, S. 268–287.

[12] Fischer Taschenbuch Bd. 6236, S. 188–202

[13] (= Beihefte der Internationalen Zeitschrift für Individualpsychologie, hg. von ALFRED ADLER, Bd. 1, Leipzig 1930).

Perversionen«, über (nicht perverse) Störungen des Geschlechtslebens (»Sexualneurasthenie«) sowie über die Besonderheiten der Geschlechtlichkeit bei Männern, bei Frauen und während der Zeit der Geschlechtsreife. Diese fünf Artikel waren zum ersten Mal 1926, zusammen mit dem schon erwähnten Artikel über Homosexualität, im Band 14 (1) des BETHEschen Handbuchs erschienen. Daß die Schrift, statt des nunmehr zutreffenden Gesamttitels »Über das menschliche Geschlechtsleben, seine Spielarten und seine Störungen«, nach wie vor den Titel »Das Problem der Homosexualität« trägt, mag mit dem Übergewicht dieses Teil-Themas zusammenhängen. Von insgesamt 106 Seiten sind ihm allein 67, also fast zwei Drittel des Buchumfanges, gewidmet, während die Behandlung der übrigen Perversionen auf 11 Seiten, die der Sexualneurasthenie (d. h. des Geschlechtsversagens) auf 7 Seiten und die der Eigentümlichkeiten des normalen (männlichen, weiblichen und jugendlichen) Geschlechtslebens in den drei Schlußkapiteln auf 4, 9 und 10 Seiten zusammengedrängt sind. Die Fragen der Liebe und der Ehe, die ADLER keineswegs als überholten kleinbürgerlichen Unfug betrachtet, werden nirgends zum Thema, obwohl sie unvermeidlich immer wieder berührt werden.
Die zusammenfassende Darstellung von 1930 ist zugleich das letzte Zeugnis der Beschäftigung ADLERS mit dem Problem der Homosexualität.

ADLERS Schrift ist entstanden in einer Zeit der lebhaftesten Auseinandersetzungen über das menschliche Geschlechtsleben. Die Namen der damaligen Berühmtheiten auf diesem Gebiet – u. a. KRAFFT-EBING, SCHRENCK-NOTZING, MAGNUS HIRSCHFELD, KRAEPELIN, HAVELOCK ELLIS, WEININGER, STEINACH, BLOCH, MOLL und FREUD – tauchen sämtlich darin auf.
In der Frage, ob angeboren oder erworben, neigten die Ärzte jener Jahre vorwiegend zu der ersten der beiden möglichen Antworten. Konkret genommen bedeutete diese Frage im Grunde: Handelt es sich *ursprünglich* um Abweichungen am Körper des Menschen, aus denen dann ein abweichendes Erleben und Verhalten folgt? – Oder handelt es sich ursprünglich um ein Erlebnis-bedingtes abartiges Fühlen und Verhalten, das dann möglicherweise auch gewisse Änderungen am

Organismus zur Folge hat?[14]

KRAFFT-EBING dachte an einen abweichenden Bau des Gehirns; er vermutete bei den männlichen Homosexuellen einen »weiblichen Gehirnteil«. Andere dachten an Abweichungen an den Keimdrüsen, wieder andere an Störungen des Hormonhaushalts, – was sich gegenseitig nicht ausschließt. MAGNUS HIRSCHFELD baute diese Ansätze zu einer Theorie der »Sexuellen Zwischenstufen« aus, wonach die Anlage eines jeden Menschen männliche und weibliche Anteile enthält und die Homosexualität einfach die Auswirkung eines bestimmten Stärkeverhältnisses dieser Anteile ist.

BINET und SCHRENCK-NOTZING neigten zu der Annahme, daß die Homosexualität seelisch, d. h. in gewissen Erlebnissen begründet sei. Derselben Meinung waren ADLER und KRAEPELIN.

Die Frage, ob die Homosexualität erbbedingt sei, wird von ADLER in dem folgenden Text eingehend behandelt (S. 80–89) und von ihm mit *nein* beantwortet. Ohne seine Ausführungen vorwegzunehmen, seien seine wichtigsten Einwände wenigstens kurz genannt.

1. Daß zahlreiche Homosexuelle sich »gegen ihre Neigung aufs heftigste wehren und Heilung suchen«, ist der schwächste aller Gegengründe, weil es sich hier auch um eine Übernahme der allgemeinen Meinung unter dem Angleichungs-(»Konformitäts«-)Druck der Mehrheit handeln kann.
2. Solche Heilungen *kommen aber vor.* Es gibt zahlreiche Fälle tatsächlich und endgültig überstandener Homosexualität.
3. Diese Heilungen sind vielfach nicht »zufällig«. Es lassen sich theoretisch wohlbegründete Behandlungsverfahren angeben.
4. Daß die Heilung oder »Normalisierung« eines Homosexuellen ein schwieriges und mühseliges Unternehmen ist, dem oft genug der Erfolg versagt bleibt, ist kein Grund für die Annahme, daß es sich nur um ein erbbedingtes und unabänderliches Persönlichkeitsmerkmal handeln könne. Versuchen Sie, einen erwachsenen Feigling in einen muti-

[14] Daß so etwas auch möglich ist, haben neuere Tierversuche erwiesen, s. u. S. 15, Anm. 16.

gen Menschen zu verwandeln, sagt ADLER, so befinden Sie sich in genau derselben Lage, haben ebenso große Schwierigkeiten und ebenso geringe Erfolgsaussichten, obwohl es feststeht, daß Mut und Feigheit in der Kindheit entwickelt werden und eindeutig auf das Verhalten der Umgebung zurückzuführen sind.

5. Die körperlichen Merkmale des anderen Geschlechts (einschließlich der Anomalien der Geschlechtsorgane), die man bei vielen Homosexuellen, besonders bei den passiv homosexuellen Männern und den aktiv homosexuellen Frauen beobachtet, finden sich ebenso oft bei Menschen mit einem völlig normalen Geschlechtsverhalten. Umgekehrt haben ausgesprochen Homosexuelle oft einen völlig normalen, geschlechtsspezifischen Körperbau. Nicht das Vorhandensein gegengeschlechtlicher und die mangelhafte Ausbildung eigengeschlechtlicher Merkmale, sondern die Art, wie sie ihr Träger selbst auffaßt und sich zu ihnen stellt, entscheidet darüber, ob er homosexuell wird oder nicht.[15]
6. Es gibt nicht wenige Fälle »gelegentlicher« Homosexualität bei im übrigen normalem Geschlechtsverhalten, und überdies ausgesprochene »Mischfälle«, d. h. Menschen mit gleichzeitig (bzw. abwechselnd) gleich- und gegengeschlechtlichen Neigungen. Der Herausgeber ist im Laufe seines Lebens wenigstens *einem* Homosexuellen (der aktiven Spielart) begegnet, der eine Frau und zwei Kinder hatte.
7. In einer und derselben Bevölkerungsgruppe gibt es in aufeinanderfolgenden Abschnitten ihres geschichtlichen Daseins eine abwechselnd größere und geringere Verbreitung der Homosexualität. Dies ist mit der Annahme ihrer Erbbedingtheit unvereinbar, da die Verteilung der Erbanlagen in aufeinanderfolgenden Generationen annähernd dieselbe bleibt.
8. Andererseits zeigt die Homosexualität, wo sie zunächst an Einzelnen oder an kleinen Gruppen auftritt, deutlich den Hang, zur Massenerscheinung zu werden, also kraß ausge-

[15] Dies gilt auch noch nach dem Versuchsergebnis von HEIDI MAU aus dem LORENZ-INSTITUT, nach welchem Kastration und außerdem schwerste Gaben eingespritzten Testosterons (männlich) eine weibliche Ente veranlassen, ihr – nach wie vor weibliches – Geschlechtsverhalten auf Weibchen zu richten, und daß genügende Gaben von Oestrogen (weiblich) sie wieder auf männliche Partner umstellen. Denn unter natürlichen Umständen kommt eine ähnliche Überschwemmung mit gegengeschlechtlichen Hormonen nicht vor.

drückt, zur Mode. Sie wirkt »ansteckend«, wie der Gebrauch von Rauschgift.

Aus alledem folgt übrigens nicht, daß eine ererbte Bereitschaft zur Homosexualität gänzlich ausgeschlossen ist: »Wenn man sich vor Augen hält, wieviel Formen der (körperlichen) Intersexualität es gibt, vom Pseudohermaphroditismus Masculis bis zu echten Intersexen, muß man sich fragen, ob es nicht ebenso viele genetische oder hormonale Varianten des *Verhaltens* geben kann.«[16] Das heißt, wir haben nicht mit ausschließlich, sondern nur mit stark *vorwiegend* erworbener – und das heißt zugleich: der Behandlung zugänglicher – Homosexualität zu rechnen.

Wie man auch ohne den Zwang einer Erbanlage homosexuell werden kann, darüber sind mindestens vier verschiedene Annahmen möglich.

Die erste Annahme ist, daß durch genügend häufige Wiederholung unter begünstigenden Umständen sich zu irgendeiner Zeit *eine Gewohnheit* ausgebildet habe. Homosexualität als eine Art schlechte Gewohnheit zu betrachten, entsprach zu jener Zeit und entspricht wohl auch noch heute der Volksmeinung. Die Möglichkeit, diese Annahme auch streng wissenschaftlich auszudrücken, gibt die amerikanische Lerntheorie, nach welcher man sinngemäß behaupten müßte, homosexuelle Verhaltensweisen hätten sich bei einem bestimmten Menschen deshalb gefestigt, weil sie in seinem Vorleben häufiger vorgekommen seien oder aus irgendwelchen Gründen ihm größere Befriedigung vermittelt hätten als andere (oder beides). Diese Annahme läßt sich zum Beispiel anwenden auf die Fälle länger dauernden Mißbrauchs von Kindern oder Jugendlichen durch ältere Personen des gleichen Geschlechts (z. B. durch verbrecherisches Heimpersonal). (Freilich müßte nach diesem Ansatz, wenigstens bei *männlichen* Erwachsenen, die Selbstbefriedigung das weitaus vorwiegende Geschlechtsverhalten sein, da sie im Jugendalter unzählige Male geübt wird.)

Zweite Annahme: Verhältnismäßig früh dachte man an die Möglichkeit einer »Bindung« (oder »Fixation«) der geschlechtlichen Erlebnisfähigkeit an bestimmte, einmalige Erlebnisse, die – im Gegensatz zur Gewöhnung – keiner »verstärkenden« Wiederholungen bedarf. Es liegt nahe anzunehmen,

[16] Briefliche Mitteilung v. KONRAD LORENZ an den Herausgeber.

daß bei dem ersten großen geschlechtlichen Ereignis der Reiz des Neuen, Unbekannten sich vereinigt mit dem Reiz des Verbotenen, mit der Angst vor der Entdeckung und Bestrafung und mit dem eigenen schlechten Gewissen. Diese Verbindung könnte nach Art eines seelischen Traumas festgehalten werden, so daß alles dieses – einschließlich des unter Umständen falschen Geschlechts des Partners – für immer dazugehört und zur mehr oder weniger unentbehrlichen Voraussetzung dafür wird, daß später eine ausreichende geschlechtliche Erregung zustande kommen kann.[17] In dieser Richtung gingen die Vermutungen von BINET, JANET, SCHRENCK-NOTZING, BLOCH und MOLL.

Daß ein solches Grunderlebnis auf dem Weg der Verführung durch Geschlechtsgenossen zustande kommt, liegt besonders nahe, wenn durch den Ausschluß vom anderen Geschlecht und durch längere unfreiwillige Enthaltsamkeit die geschlechtliche Spannung gesteigert wird und (meist zugleich) im gemeinsamen Schlafraum äußere Hindernisse fehlen – wie bei Schiffsmannschaften auf langer Fahrt, in Kasernen, Konvikten, Pensionaten, Heimen, Lagern und Gefängnissen und sogar in »sittenstrengen« Familien. Hier wirken zwei Bedingungen zusammen, die der Volksmund im Sprichwort festgehalten hat: »In der Not frißt der Teufel Fliegen« und »Gelegenheit macht Diebe«. Aber natürlich kann auch in jeder etwas engeren Jugendfreundschaft einer der Beteiligten der Versuchung erliegen, die Schranke zwischen einer Freundschaftsbeteuerung und einer Liebeserklärung zu überspringen.

Eine dritte Art der Festlegung, die von den beiden vorigen unterschieden werden muß, ist die »Prägung«, deren erstes in die Psychologie eingegangenes Beispiel das Graugänschen Martina war, das KONRAD LORENZ, der es beim Ausschlüpfen in Empfang nahm, zu seiner Mutter erkor und während seiner ganzen Kindheit treu hinter ihm her watschelte, wohin er auch ging.

Unter »Prägung« versteht LORENZ die Bindung eines angeborenen Verhaltens an einen bestimmten Gegenstand oder an ein bestimmtes Wesen, die

[17] Man denke etwa an die zahlreichen Ehemänner aus den Fernsehkrimis, die nur bei Frauen von Kollegen potent sind, und an jene Ehefrauen, denen es nur mit dem »Freund« Spaß macht.

1. – im Gegensatz zur Gewohnheit – nur während eines ganz bestimmten, meist ziemlich kurzen Lebensabschnittes, der »Prägeperiode«, stattfinden kann,
2. – wiederum im Gegensatz zur Gewohnheit – »irreversibel« ist, d. h., die man sich nicht wieder abgewöhnen kann, und
3. auch ohne den erfolgreichen Vollzug jenes zugehörigen Verhaltens, der für die Ausbildung einer *Gewohnheit unerläßlich* ist, *im voraus* erfolgen kann. Letzteres zeigen Versuche mit jenen einheimischen Wasservögeln, bei denen das Bild des künftigen Geschlechtspartners lange *vor* der Geschlechtsreife nach dem Bild *der Eltern*, von denen sie ausgebrütet wurden, geprägt wird, so daß sie, wenn sie von Eltern *einer anderen Art* ausgebrütet wurden, ihr Leben lang den Angehörigen jener Art vergebliche Anträge machen. (Übrigens ist in der Vermutung FREUDs, daß für die Partnerwahl des jungen Mannes die »Mutter-Imago« maßgeblich sei, der Begriff der Vorausprägung für den Sonderfall des Geschlechtspartners, wie mir scheint, genau vorweggenommen.)

Auf die Homosexualität angewendet würde das folgendes bedeuten: Vorausgesetzt, das Bild des Geschlechtspartners entstehe durch Prägung, so würde es genügen, daß während der zugehörigen Prägeperiode (die wir nicht kennen) in der Umgebung des Jungen nur männliche, in der Umgebung des Mädchens nur weibliche Gesichter zu sehen sind, und es würde *auch ohne Verführung* und *ohne geschlechtliche Abenteuer* später die Neigung entstehen, sich vorwiegend Angehörigen des *eigenen* Geschlechts zuzuwenden.

Für die Annahme, daß bei der Entstehung von Homosexualität die Prägung vielleicht eine Rolle spielt, »spricht auch die Tatsache, daß es in England, dem Land der (durchweg als Heimschulen geführten) ›Public Schools‹, besonders viele Homosexuelle gibt. Das schaut wirklich so aus, als ob es bei Menschen eine sexuelle Objekt-Prägung gäbe, und wenn man im KRAFFT-EBING die Krankengeschichten der Fetischisten liest, möchte man ja auch an echte Prägung bei Menschen glauben . . .«[18]

Zu den Eigentümlichkeiten der auslösenden Partnereigenschaften gehört auch, daß sie mehr oder weniger scharf und

[18] Briefliche Mitteilung von KONRAD LORENZ an den Herausgeber.

bestimmt ausgebildet sein können und im Laufe der Jahre an Schärfe und Bestimmtheit gewinnen oder verlieren können. Ist das auch beim Bild des menschlichen Geschlechtspartners der Fall, so wird unmittelbar verständlich, daß in der früheren Jugend und im höheren Alter die Anfälligkeit für Homosexualität größer ist als in der Mitte des Lebens.
Eine vierte Möglichkeit, homosexuell zu werden, beschreibt ALFRED ADLER in dieser Schrift. Die Homosexualität ist danach – in einer erheblichen Anzahl von Fällen – ein Sonderfall einer Neurose, die, worauf ADLER mehrfach hinweist, in manchem der *Zwangsneurose* verwandt erscheint. Die Lebensumstände, besonders in der Kindheit, die Bedingungslage, durch die ihre Entstehung begünstigt wird, und die Dynamik ihrer Ausbildung sind, wie ADLER darlegt, von ganz derselben Art, wie er sie bei der Entstehung irgendeiner anderen Neurose gefunden hat. Nur bildet bei ihr von den »drei Grundaufgaben« des Lebens – dem »Mitspielen« in der *Gesellschaft* durch Verträglichkeit, Rücksicht, Verständnis und Hilfsbereitschaft, der Übernahme einer der vielfältigen Aufgaben der arbeitsteiligen Gesellschaft im *Beruf* und dem Beitrag zur Erhaltung des Menschengeschlechts im Zusammenleben mit einem Angehörigen des *anderen Geschlechts* – die dritte hier den Schwerpunkt.
Die Umstände, die die Rückwendung zum eigenen Geschlecht begünstigen, sind folgende:

1. die Sucht des Entmutigten nach möglichst billigen Siegen;
2. die Meinung, jeder Ort, an dem Menschen zusammen sind, die Werkstatt, das Amt, der Verein und auch die gemeinsame Wohnung, sei *eine Arena*, und das Hauptanliegen aller in ihr Versammelten sei es, den anderen auf den Rücken zu legen, ihn um jeden möglichen »Sieg« zu bringen, ohne Rücksicht auf die gemeinsamen sachlichen Anliegen.
3. Die Überzeugung, daß dem männlichen Geschlecht von der Schöpfung der Vorrang und jedes beliebige Vorrecht vor dem weiblichen vorbehalten sei, daß es demzufolge in der Ehe für den Mann in erster Linie darauf ankomme, sich diese Vorrechte zu sichern, und daß es dem Wesen der Frau entspreche, sich zu unterwerfen (»dienen lerne das Weib . . «). Diese Zuteilung des höheren Ranges an das männliche Geschlecht ist viel älter als der Mensch. Sie findet sich schon bei Vögeln und Fischen, kann also kaum jünger

sein als der Stamm der Wirbeltiere. Eine noch schärfere Ausprägung dieses Prinzips findet sich zum Beispiel beim Kolkraben; hier verfügen beide Geschlechter über den ganzen Satz männlicher *und* weiblicher Verhaltensweisen, und bei der Paarung verhält sich der *Überlegene männlich*, der Unterlegene weiblich; Fortpflanzung ist also nur möglich, wenn ein *stärkeres Männchen* auf ein *schwächeres Weibchen* trifft. »Bei manchen Fischen« ist dieses »OEHLERTsche Prinzip« auf die Spitze getrieben: ein dominantes Weibchen verwandelt sich *auch körperlich* in ein Männchen: seine Eierstöcke werden *histologisch* in Testikel umgebaut.[19]

4. Daraus kann sich bei dem Mann – eine ausreichende Entmutigung vorausgesetzt – das Bestreben entwickeln, nicht nur den Machtanspruch, sondern auch alle seine männlichen Merkmale möglichst auszubauen, also zum *»Übermann«* zu werden. Es gibt für diesen Übermann keine größere Schmach, als, in irgendeiner Hinsicht, einem Weib zu »unterliegen« oder auch nur nachzugeben.
5. Für die Frau erwächst daraus in dem Augenblick, wo sie sich ihrer anlagemäßigen Ebenbürtigkeit bewußt wird, das ebenso heftige Bestreben, das Ärgernis ihrer Mißachtung und das Joch ihrer Knechtschaft abzuschütteln oder ihm von vornherein durch Ehelosigkeit zu entgehen.

ADLER faßt das männliche Bestreben, die Oberhand zu *behalten* (4), und das weibliche, sie sich zu *erkämpfen* (5), unter der Bezeichnung »männlicher Protest« zusammen.

6. Bei *mangelnder* Selbstsicherheit im allgemeinen und besonders gegenüber dem anderen Geschlecht folgt daraus, wie bei jeder anderen Neurose, das Bestreben, bei Aufrechterhaltung des Scheins, daß man sie bestehen wolle, diese immer gefährliche Kraftprobe zu umgehen. Die Gefahr, die jede Annäherung an das andere Geschlecht für den Neurotiker mit sich bringt, und die er unter allen Umständen umgehen zu müssen meint, ist für die Frau die »Knechtschaft«, für den Mann die »Blamage« vor einer möglicherweise in irgendeiner Hinsicht ebenbürtigen oder überlegenen Frau. Beiden Geschlechtern dienen dazu Vorkehrungen (Arrangements), durch die vor jeder Liebe, die ernst zu

[19] Briefliche Mitteilung von KONRAD LORENZ an den Herausgeber.

werden droht, Hindernisse aufgebaut werden, die, als seien sie höhere Mächte, den *Rückzug* vor dem angestrebten Ziel ermöglichen.

7. Die sicherste und wirksamste Vorkehrung, die weder die Leugnung des eigenen Geschlechts noch den Verzicht auf seine Betätigung fordert, ist in dieser Lage die Umstellung des Geschlechtsverhaltens auf das eigene Geschlecht. Dies ist der Grund, aus dem ADLER den Übergang zur Homosexualität »erotischen Rückzug« nennt.
8. Ist erst diese Umstellung der Weichen ins Auge gefaßt, so beginnt die zugehörige ›tendenziöse Apperzeption‹, Wahrnehmungen und Erinnerungen in diesem Sinne umzufärben und umzufälschen. Zugleich beginnt, z. B. im Traum, die *Einübung* des zugehörigen Verhaltens: das »erotische Training« im Sinne des eingeschlagenen Weges.

   Dies ist nach ADLERS Überzeugung die typische Art, im Einzelleben zu homosexuellem Verhalten überzugehen, auch ohne verführt oder mißbraucht worden zu sein.

Daß die ADLERsche Auffassung richtig ist, dafür sprechen vor allem zwei Umstände:
Erstens hat es sich als möglich erwiesen, mit den von ihm angegebenen Verfahren zur Behandlung von *Neurosen* auch die Homosexualität erfolgreich anzugehen.
Zweitens hat sich die aus seiner Theorie unmittelbar folgende Behauptung, daß mit jeder Zunahme weiblichen Emanzipationseifers auch eine Zunahme der (weiblichen *und* männlichen) Homosexualität einhergehe, in diesem Jahrzehnt mit aller wünschenswerten Deutlichkeit bestätigt.
Im Zusammenhang damit verstärkt sich auch wieder die Forderung an die Öffentlichkeit, an die Kirchen und an den Gesetzgeber, die Homosexualität nicht mehr als »Laster«, als »Sünde«, als »Verbrechen« zu betrachten und zu behandeln.
Und darüber hinaus wird, wie zu erwarten, die weitergehende Forderung erhoben, die Homosexualität als ebenbürtige und gleichberechtigte, ja als besonders wertvolle Sonderart menschlichen Seins anzuerkennen.
Mit beiden Forderungen setzt sich ADLER auseinander. Die erste bejaht er uneingeschränkt mit guten Gründen. Die zweite erklärt er als unberechtigt. Als Flucht vor einer der Grundaufgaben, die die Logik des Zusammenlebens jedem Menschen

stellt, gehört die Homosexualität zu den Auswirkungen eines mangelhaft ausgebildeten oder gestörten Gemeinsinns. Sie ist ein *Leiden*, dessen Heilung man, soweit immer möglich, den Betroffenen anbieten sollte.[20]

Ist eine Heilung, aus welchen Gründen auch immer, nicht möglich, oder entscheidet sich der Homosexuelle dafür, seine Lebensweise beizubehalten, so wird er nach ADLER auch in einer aufgeklärten Gesellschaft nicht *mehr* als verständnisvolle *Duldung* erwarten dürfen; denn die Abstandnahme von einer Lebensweise, die das Fortbestehen der Art gefährdet, ist mit höchster Wahrscheinlichkeit ein stammesgeschichtlich so tief verwurzeltes Verhalten, daß es durch gute Vorsätze nicht abgelegt werden kann.

Bebenhausen, im Oktober 1976 WOLFGANG METZGER

20 ADLER meint sogar, man solle sie von Staats wegen fordern.

Vorwort

Seit mehr als zehn Jahren ist meine, im Jahre 1917 im Verlage ERNST REINHARDT in München erschienene Studie »Das Problem der Homosexualität« vergriffen. Die seither eingetretene gewaltige Entwicklung der individualpsychologischen Bewegung, aber auch das von anderen Seiten immer wieder bekundete große Interesse drängen seit längerer Zeit auf eine Neuausgabe. Der vorliegende Band enthält nun außer der erwähnten Studie, in der ich bloß einige Ergänzungen vorgenommen habe, noch eine Reihe von Arbeiten von mir, die sich ebenfalls mit der Frage der Homosexualität befassen und in meine seither erschienenen Werke nicht aufgenommen worden sind; ferner eine Anzahl von Arbeiten, die, in engem Zusammenhang mit dem Problem der Homosexualität, das Gebiet der sonstigen sexuellen Perversionen, sowie der psychosexuellen Einstellung des Menschen überhaupt, und die Frage des erotischen Trainings und des erotischen Rückzuges behandeln. Diese Arbeiten wurden im Laufe der Jahre teils in der »Internationalen Zeitschrift für Individualpsychologie« (Verlag S. HIRZEL, Leipzig), teils im »Handbuch der normalen und pathologischen Physiologie«, in den »Verhandlungen des I. internationalen Kongresses für Sexualforschung«, ferner in meinem Buche »Problems of Neurosis« (KEGAN PAUL, London und GREENBERG PUBL., New York) veröffentlicht.

Noch stärker als in der ersten Auflage wird der Leser in diesem Bande die Bedeutung des Trainings im Rahmen des Lebensstils hervorgehoben finden. An meinen Anschauungen über Homosexualität und sexuelle Perversionen Änderungen vorzunehmen, fand ich nicht notwendig; die Forschungen und Erfahrungen der Individualpsychologie bestätigen restlos meine Erkenntnis, daß die Homosexualität ein Training des entmutigten Menschen seit seiner Kindheit darstellt, um auf dem Wege der Ausschließung von Möglichkeiten einer Niederlage, im Falle der Homosexualität also auf dem Wege der Ausschaltung des anderen Geschlechtes, der normalen Lösung der Liebesfrage auszuweichen. Gestützt auf die reichen

Erfahrungen der seit der ersten Auflage meiner Arbeit verstrichenen dreizehn Jahre, sehe ich in der Frage der Beseitigung der Homosexualität auch heute eine Frage der Erziehung der Kinder zu einem wissenschaftlichen Verständnis des Sinnes des Lebens.

Wien, Juni 1930. ALFRED ADLER

Das Problem der Homosexualität

1. Die Perversion als sexueller Ausdruck der Lebenslinie

Wie ein Gespenst, ein Schreckpopanz, erhebt sich die Frage der Homosexualität in der Gesellschaft. Aller Verdammnis zum Trotz scheint die Zahl der Perversen in Zunahme begriffen zu sein. Der religiöse, der richterliche Bannfluch zeigen sich von geringem Einfluß. Die Homosexualität greift in den ländlichen Bezirken und in den großen Städten in gleicher Weise um sich. Kinder, Erwachsene, Greise, Männer wie Frauen sind des Übels gleicherweise teilhaft. Es beschäftigt den Pädagogen, den Soziologen, den Nervenarzt und den Juristen. Alle Kampfmittel sind ununterbrochen in Anwendung, ohne ein nennenswertes Resultat zu ergeben. Die härtesten Strafen, die mildeste Beurteilung, versöhnliche Haltung, Verschweigung zuletzt, – alle Versuche bleiben ohne Einfluß auf die Verbreitung dieser Anomalie.
Auch die Fürsprecher fehlen nicht. Und die vielen Standpunkte, ein unübersehbares Heer von Theorien und Anschauungen, legen Zeugnis ab von dem bedeutenden Eindruck der einen Tatsache, daß große Kreise der Bevölkerung ihrer Geschlechtsrolle untreu sind und andere, wenn auch längst begangene Wege gehen. Eine Rückschlagserscheinung? Ein Atavismus? Gute Tierbeobachter heben hervor, daß nur domestizierte Tiere homosexuelle Angriffe durchführen oder zulassen. Letzteres hat PFUNGST bei einem dominierenden Affenmenschen beobachtet, den er, um die Probe darauf zu machen, verprügelte.
Auch die Lehre von der Degeneration fördert kein brauchbares Ergebnis zutage. Denn die einzig wichtige Frage können ihre mit dieser Schablone forschenden Autoren nicht lösen. Weder sie noch etwa HIRSCHFELD, FLIESS, FREUD usw. können darüber Auskunft geben, wer von den Degenerierten in die Bahn der Homosexualität gerät? Wer von den vielen oder wenigen, die andersgeschlechtliche Keimstoffe gleichzeitig in sich tragen, gelangt zur Homosexualität? KRAFFT-

EBINGS »Konstitutionelle Disposition« und deren Fortsetzung: FREUDS »Sexuelle Konstitution« sind nichts mehr als theoretische Postulate eines voreingenommenen Systems. »Fixierende Erlebnisse« aber, die der Sexualrichtung des Kindes angeblich den Weg zeigen, – wie sie von BINET, JANET, SCHRENCK-NOTZING, BLOCH, MOLL u. a. als maßgebend hervorgehoben werden, – zeigen immer wieder auf die bereits vorhandene Perversionsneigung hin, wie ja gegnerische Theoretiker und die Kranken selbst die Anamnese mit den Worten beginnen lassen: »Schon in der frühen Kindheit zeigten sich bei folgendem Erlebnis die Spuren der angeborenen Perversion . . .«

Unsere Hochachtung vor den oben berührten Forschungen wird aber keineswegs gemindert, wenn wir nunmehr behaupten, daß die bisherigen Erkenntnisse vom Wesen der Perversion unfertig sind und deshalb nicht zulassen, einen festen Standpunkt gegenüber der sozialen Bedeutung der Perversion zu begründen. Und in der Tat findet man sowohl bei den Bekämpfern als auch bei den Fürsprechern der Homosexualität genügend geschulte Köpfe und genug kluge Argumente. Dieses unfertige Erkenntnisstadium aber zu übersehen schiene uns ein grober Fehler. Als weitgehende Vorarbeiten und als wertvolle Materialiensammlung werden die Arbeiten KRAFFT-EBINGS, MOLLS, HIRSCHFELDS, BLOCHS und anderer stets ihren Rang behaupten, wenngleich sie nicht einmal imstande waren, die öffentliche Meinung oder gar die Gesetzgebung zu beeinflussen[1].

Dies ist nun aber ein wichtiger Gesichtspunkt in der Lehre von der Perversion, wie die öffentliche Meinung sich zu ihr stellt. Es läßt sich nämlich mit Sicherheit behaupten, daß keine Theorie je imstande sein wird, die Gesellschaft oder die gesellschaftliche Moral zugunsten der Homosexualität zu beeinflussen. Das größte Zugeständnis, das zu erreichen wäre, bliebe das eine: Verschleierung und Nichtintervention. Soweit ist auch gelegentlich der Hüter des Gesetzes gegangen, und die

[1] Der Strafrechtsausschuß des deutschen Reichstages hat im Oktober 1929 nach längerer Debatte die generelle Strafbestimmung, betreffend den gleichgeschlechtlichen Verkehr unter Männern (§ 296 des Entwurfes) abgelehnt. Der § 296 entsprach, in engerer Fassung, dem § 175 des geltenden Strafgesetzbuches. »Alles in allem«, hat WILHELM KAHL ausgeführt, »erweisen sich Strafrecht und Strafprozeß als untaugliche oder nur ganz unvollkommen taugliche Mittel zur Bekämpfung eben dieses Lasters. Und darum, nach der allgemeinen gesunden Tendenz der Reform besser Verzicht auf das Strafrecht, als einen mit Sicherheit vorauszusehenden Bankrott.«

vielen niedergeschlagenen Prozesse, die bei der Polizei hinterlegten, niemals verfolgten Listen der Homosexuellen zeugen von der milderen Praxis. Die Schranken der Gesellschaft aber gegen die Gleichberechtigung der Perversion bleiben unerschüttert gegenüber jeder Theorie, denn sie bauen sich auf aus den nötigen Sicherungen und gesellschaftlich erwachsenden Abneigungen der normal Empfindenden. Daß es sich bei diesen Sicherungen in der Hauptsache um gesellschaftlich notwendige handelt, – nebstbei um den Schein der Überlegenheit über den Perversen –, ist leicht einzusehen, muß aber hervorgehoben werden, da sich einer leicht zu der Anschauung versteigen könnte, eine Ablehnung der Homosexualität verrate den Kampf gegen die eigene homosexuelle Neigung. In der Tat wurde auf diesem Wege versucht, die Zahl der Homosexuellen noch um die zu vermehren, die einen gegensätzlichen Standpunkt zur Duldung der Perversion einnehmen.

Ebensowenig stichhaltig erscheint das Urteil homosexueller Kreise, sobald sie sich bemühen, der Perversion eine Daseinsberechtigung, oft sogar eine besonders hohe Geltung zuzusprechen. Am ehesten dürften sich noch jene Beurteiler hören lassen, die auf das Aussterben der Homosexuellen infolge ihrer Perversion hinweisen. Aber die Annahme einer angeborenen Qualität, – die wir zu den Fabeln rechnen –, und die Nachweise etwaiger Heredität, die scheinbar beglaubigt ist, beeinträchtigen das Gewicht dieser Argumentation, insoferne bei Mischfällen der heterosexuelle Einschlag die Beseitigung der Homosexualität durch natürliche Auslese hindern würde.

Auch der Hinweis auf den griechischen Eros, dessen Verträglichkeit mit einer hohen Kultur, ist durchaus nicht auf die Gegenwart glatt zu übertragen. Soweit wir Einblick gewinnen konnten, scheint die griechische Knabenliebe in einer Zeit aufgekommen zu sein, in der das Weib an Geltung und Einfluß rasch gewonnen hatte. Der Spott eines ARISTOPHANES über das Frauenparlament und über die Knabenliebe gehören wohl zusammen. In einer Zeit steigender Frauenemanzipation, die das weibliche Selbstbewußtsein hob, wurde naturgemäß der Mann leichter zum Zweifel an seiner Vorzugsstellung gedrängt. Aus einem Gefühl der Unsicherheit heraus erscheint ihm die Eroberung der Frau als ein gewagtes Unternehmen. Der menschliche Geist hat in solchen Fällen eine Anzahl von Kunstgriffen bereit, um die Fiktion der Sicherheit und der Überlegenheit herzustellen. Er entwertet oder er idealisiert, er erhöht das Objekt und rückt die Entscheidung in die Ferne. Die männlich-protestierende Antwort des Mannes auf das wachsende Selbstbewußtsein der Frau drängt in erster Linie zur Herabsetzung des Wertes der Frau. Diese Entwertung liegt in der griechischen Knabenliebe und ihren seelischen Äußerungen – gegen die Frau gerichtet – deutlich zutage. Eine Verstärkung gewann diese gleichgeschlechtliche Richtung, da sie dem erwachsenen Mann gestattet, sich – in Griechenland! – als Mentor, als Beschützer und als geistigen Förderer des Epheben aufzuspielen. So konnten die männlichen Privilegien wenigstens dem Knaben gegenüber ungehindert weiter fortbestehen. Die Furcht vor der Frau[2], durch ihre Geltungsbestrebungen angefacht, zwang den Mann zu stärkeren Vorbereitungen im Sinne seiner Expansionstendenz und zu wesentlichen, vorsichtigen Ausbiegungen. War die Knabenliebe für den Mann ein Versuch, zwischen sich und die Frau eine größere Distanz zu legen, so war sie – sozial gefaßt – für den Jüngling eine Vorbereitung zur heterosexuellen Liebe und zur Kameradschaftlichkeit, die allerdings für unser Urteil von der richtigen Linie in ähnlicher Weise abweicht wie etwa die Masturbation. Sicherlich kamen die meisten der Epheben wieder auf die Linie der Heterosexualität.

Die Homosexualität unserer Zeit zeigt wohl die gleichen psychischen Grundursachen und entpuppt sich demnach als eine Erscheinung, die sich auf der Flucht vor der Frau nahezu von selbst ergibt. Gegenüber dem griechischen Eros aber fehlen heute die regulierenden Schranken. Das griechische Volk war ein einheitlicherer Körper als je vielleicht ein anderes Staatengebilde. Die griechische Staatsidee übergipfelte alle anderen Bestrebungen im Volke so sehr, daß auch Ausschreitungen und Mißgriffe, wie sie sich in der Schwierigkeit der Entwicklung bemerkbar machten, durch sie wieder zugunsten der Gemeinschaft gelenkt wurden. So wandelte sich die volksschädigende Strömung der Homosexualität

[2] Siehe: ADLER, Über den nervösen Charakter. München [4]1928 [Fischer Taschenbuch Bd. 6174]; ders., Praxis und Theorie der Individualpsychologie, München [4]1930 [Fischer Taschenbuch Bd. 6236]; ders., Menschenkenntnis, Leipzig [4]1930; ders., Heilen und Bilden, München [3]1928 [Fischer Taschenbuch, Bd. 6220]. Ferner: Internationale Zeitschrift für Individualpsychologie, Leipzig, I.–VIII. Jahrgang.

durch die Macht der Gemeinschaftsidee fast in eine erzieherische, volksfördernde Richtung. Daß diese versöhnenden Lichtseiten der modernen Homosexualität fehlen und fehlen müssen, dürfte kaum bezweifelt werden. Bestenfalls artet ein derartiges Verhältnis in unzweckmäßige Protektion aus; oder der Jüngling macht sich zum Quälgeist und Tyrannen des älteren Freundes. Oder die Gleichaltrigen verzehren sich in Eifersüchteleien und lächerlichem Zank. Um kurz zu sein: Die griechische Knabenliebe fand eine Zeit voll von gegenseitigem Wohlwollen der Bürger untereinander, und der Gemeinsinn förderte aus ihr zutage, was sie an Werten geben konnte; die Homosexualität unserer Tage erweist sich als unfruchtbares und unlösbares Notprodukt, das den schwach entwickelten Gemeinsinn weiter schädigt. Wir haben früher schon auf die Homosexualität als Ergebnis psychologischer Faktoren hingewiesen. Sie teilt mit diesen eine viel zu wenig gewürdigte Eigenschaft: Sie ist an sich vieldeutig, und kann in ihrer Bedeutung nur zeitlich und individuell erfaßt werden.

Das Gemeinsame an den Erscheinungen jeder sexuellen Perversion (Homosexualität, Sadismus, Masochismus, Masturbation, Fetischismus usw.) läßt sich nach den Ergebnissen der Individualpsychologie[3] in folgenden Punkten zusammenfassen:

1. Jede Perversion ist der Ausdruck einer vergrößerten seelischen Distanz zwischen Mann und Frau.
2. Sie deutet gleichzeitig eine mehr oder weniger tiefgehende Revolte gegen die Einfügung in die normale Geschlechtsrolle an und äußert sich als ein planmäßiger aber unbewußter Kunstgriff zur Erhöhung des eigenen gesunkenen Persönlichkeitsgefühls.
3. Niemals fehlt dabei die Tendenz der Entwertung des nor-

[3] Siehe, außer den oben zitierten Arbeiten, noch: ADLER, Die Technik der Individualpsychologie. I. Teil. Die Kunst, eine Lebens- und Krankengeschichte zu lesen, München 1928 [Fischer Taschenbuch, Bd. 6260]; Problems of neurosis. A book of case histories, London 1929; The Science of Living, New York 1929; ERWIN WEXBERG, Individualpsychologie. Eine systematische Darstellung, Leipzig 1928; ders., Einführung in die Psychologie des Geschlechtslebens. Beihefte der Internationalen Zeitschrift für Individualpsychologie, Band II, Leipzig 1930; Handbuch der Individualpsychologie. In Gemeinschaft mit zahlreichen hervorragenden Individualpsychologen herausgegeben von Dr. ERWIN WEXBERG, München 1926; ferner: Internationale Zeitschrift für Individualpsychologie, Leipzig, I.–VIII. Jahrgang.

mal zu erwartenden Partners, so daß bei genauem Einblick die Züge der Gehässigkeit und des Kampfes gegen diesen als wesentlich für die Haltung des Perversen hervortreten.

4. Perversionsneigungen der Männer erweisen sich als kompensatorische Bestrebungen, die zur Behebung eines Gefühls der Minderwertigkeit gegenüber der überschätzten Macht der Frau eingeleitet und erprobt wurden. Perversionen der Frauen sind in gleicher Weise kompensatorische Versuche, das Gefühl der weiblichen Minderwertigkeit gegenüber dem als stärker empfundenen Manne wettzumachen.
5. Die Perversion erwächst regelmäßig aus einem Seelenleben, das durchwegs Züge verstärkter Überempfindlichkeit, überstiegenen Ehrgeizes und Trotzes aufweist. Mängel tieferer Kameradschaftlichkeit, gegenseitigen Wohlwollens, der Gemeinschaftsbestrebungen treten stärker hervor, als man gemeiniglich erwartet. Egozentrische Regungen, Mißtrauen und Herrschsucht prävalieren. Die Neigung »mitzuspielen«, sowohl Männern als Frauen gegenüber, ist gering. Infolgedessen finden wir auch starke Begrenzungen des gesellschaftlichen Interesses.

Wer so wie der Arzt in der Lage ist, die Schwingungen des *gesellschaftlichen Organismus* mitzuempfinden, kann sich der Tatsache nicht verschließen, daß die Beziehungen der Geschlechter durch mancherlei Schwierigkeiten erheblich beeinträchtigt sind. In der Statistik kommt diese Erschwerung in der Verspätung der Eheschließung, in der sinkenden Zahl der Ehen, in der steigenden Zahl der Ehescheidungen und in der Beschränkung der Kinderzahl zum Ausdruck. Die Klagen über diesen Sachverhalt sind bekannt. Ebenso eine Anzahl von Ursachen, die sich bei den Untersuchungen ergeben. Alle diesbezüglichen Erörterungen leiden an demselben Fehler, daß sie eine Endursache, in der Regel die erschwerte Lebensführung, anschuldigen.

Wir vermögen es nicht, die Wichtigkeit dieses Umstandes zu übersehen. Aber es taucht, wie immer, sobald sich die Individualpsychologie einer Frage bemächtigt, die therapeutisch und generell wichtigere Frage auf: Welche Individuen sind es denn, die von derart allgemeinen Schwierigkeiten mit Sicherheit erdrückt werden? Sind es nicht gerade jene Personen, die kraft ihres übervorsichtigen, zweifelnden Charakters, im Mangel ihres Selbstvertrauens an ihrer Aktivität und an ihrer Lebensbereitschaft Schaden gelitten haben? Unter den ersten, die bereit sind, bei irgendeiner auftauchenden Schwierigkeit das Spiel aufzugeben, zu desertieren, sind immer jene Individuen, die von der Kindheit her ein Minderwertigkeitsgefühl in sich tragen. Denn sie haben den Glauben an sich verloren und bleiben bis auf weiteres die »nervös disponierten Menschen«.

Man wird an dieser Anschauung zweierlei aussetzen: 1. daß jeder Mensch Akte der Vorsicht ausübt und – braucht; 2. daß man oft unter den Nervösen, – d. h. für uns auch: unter den Homosexuellen – ein großes Selbstgefühl findet. Aber der erste Einwand beruhigt mich über den Umstand, daß das Ergebnis unserer Untersuchung nicht bei den Haaren herbeigezogen ist, sondern einer allgemein menschlichen Haltung entspricht, die im Falle der Nervosität bloß starrer, einseitiger, prinzipieller und übertrieben eingenommen wird. Der zweite Einwand stützt sich auf eine mangelhafte Einsicht in das Wesen der Neurose, nimmt den Schein und die Folge für das ursprüngliche Wesen und verkennt einen der Kernpunkte der nervösen Dynamik: den Heroismus des Schwächegefühls.

Unser Ausflug ins Soziale beabsichtigt nachzuweisen, daß die Distanz der Geschlechter derzeit eine Neigung zum Wachsen zeigt. Wir fügen nichts Neues hinzu, wenn wir betonen, daß diese Erscheinung auch im Leben des Einzelnen, vor allem des nervös Disponierten, hervortritt, ja daß hier die einzelnen Summanden jener Massenerscheinung vor uns liegen.

Der nervös Disponierte, der vor jeder Veränderung seiner Situation die von mir hervorgehobene zögernde Attitüde aufweist, kann eine geradlinige Aktivität nicht einmal in gleichbleibenden Zeitläufen und Zuständen bewahren. Jede Erschwerung, sei sie scheinbar oder reell, ruft in ihm neue Angst, neues Zögern, neue Versuche zu Umwegen hervor. Und psychologisch gefaßt, ist es kaum als ein Unterschied anzusehen, ob der Neurotiker, vor ein Heirats- oder Liebesproblem gestellt, mit Hinweisen auf die Schwierigkeit des Erwerbs, auf die Verantwortung bezüglich der Nachkommenschaft, auf die Untauglichkeit des anderen Geschlechts, auf seine eigene Minderwertigkeit antwortet, oder ob er die Konstruktion eines Krankheitsbeweises, einer Hysterie, einer

Zwangsneurose, einer Phobie, einer Impotenz, einer Zwangsmasturbation, einer Psychose oder einer Perversion zwischen sich und den Partner schiebt. – Da er nach seinem unbewußten Lebensplan die Liebe und die Ehe nur bedingungsweise oder gar nicht anstreben kann, da er individuell vorbereitete Umwege arrangieren muß, obliegt ihm die Aufgabe, die Distanz herzustellen, die ihn vor der gefürchteten Entscheidung sichert. Wie der mit Höhenschwindel behaftete Wanderer, wie der Wasserscheue muß er den Rest, die Distanz schaffen, die ihn vor der vermeintlichen Niederlage behütet. Sowie sich der Nervöse dem gesellschaftlich durchschnittlichen, von ihm aber schon längst verworfenen Ziele nähert, schlägt ein Minderwertigkeitsgefühl durch und erzwingt ein Arrangement, aus dem sich ein Halt, ein Rückzug oder eine Umgehung ergeben.[4]

Daraus geht hervor, daß die neurotische Disposition in schwierigen Zeitlagen und Situationen die große Zahl derer schafft, die nicht »mitspielen« wollen, sondern an Umwegen arbeiten, um ihr ehrgeiziges Persönlichkeitsideal zu retten. Auf diesem Umwege, der sich in einer seelisch gleichbleibenden Distanz um das normale, aber gefürchtete Ziel herumbewegt, ergibt sich die unbewußte, eben aber unkorrigierbare Nötigung, das Arrangement fertigzustellen, das erst die Distanz sichert. Umweg aber und Arrangement bedeuten für unser Thema den sichernden Aufbau der Perversion, die aufgerichtet wird, um die Distanz vom gesellschaftlichen Partner zu fixieren.

So wird die Homosexualität ganz wie die Psychoneurose zu einem Mittel des Abnormalen.

Was in den bisher gültigen Theorien der Homosexualität entweder als angeborener Faktor oder als frühzeitige Fixierung durch ein sexuell betontes Ereignis erscheint, muß nach den Befunden der Individualpsychologie als ein frühzeitig erfaßter Weg nach einem in der Kindheit sich aufdrängenden Lebensplan gelten. Den Wachstumstendenzen des Kindes gleichgeordnet entwickeln sich seelische Bestrebungen nach

[4] In meiner 1917, während des Weltkrieges, erschienenen Studie »Das Problem der Homosexualität« (s. Vorwort), vermerkte ich an dieser Stelle, daß das wachsende Verständnis für die Kriegsneurose schlagend die Richtigkeit der individualpsychologischen Anschauung ergeben hat. Seither sind die grundlegenden Gedankengänge der Individualpsychologie ein Schatz der Allgemeinheit geworden.

Macht und Geltung. Als orientierendes Leitbild wird von dem Kinde die stärkste Figur der Umgebung erfaßt, in der Regel der Vater oder – die Mutter. An diesen mißt das Kind sein eigenes Können und schätzt nach ihnen seine Erwartung der Zukunft ab. Bald im Trotz, bald in der Unterwerfung sucht es Raum in seiner eigenen Entfaltung, nicht ohne daß die naturgemäße Distanz sein Minderwertigkeitsgefühl verschärft. Der kompensatorische kindliche Lebensplan ergibt sich aus mannigfachen Proben und Vorversuchen, die darauf ausgehen, diese Distanz und damit sein Schwächegefühl zu beseitigen. Mit den Mitteln einer kindlichen Erfahrung, in der niemals die naturgemäßen Spuren körperlicher und geistiger Schwäche des Kindes fehlen, niemals auch der Abdruck des Milieus, sucht es den Weg zu einer dereinstigen Überlegenheit. Die ununterbrochene Erprobung dieses individuellen Weges wird durch das richtunggebende Ziel der Überlegenheit, durch die Expansionstendenz des Kindes erzwungen. Ob es dereinst in der Bahn der Gehässigkeit, des Wohlwollens und der Liebe erobernd auftreten werde, baut sich in diesem Werdegang des kindlichen Seelenlebens auf. Alle Bereitschaften für die Schwierigkeiten des künftigen Lebens – wie sie das Kind versteht – werden in dieser Zeit geschaffen, die Haltung zum Leben und zur Gesellschaft geübt und die Perspektive zur Welt verfertigt. So erwachsen die individuell verschiedenen Haltungen: die direkte Aggression, der geradlinige Angriff, die einschmeichelnde oder die mißtrauische Umgehung einer Person oder Frage, das Zaudern und Zögern vor Entscheidungen, die selbständige Attitüde und die hilfeheischende Gebärde. Aus eigenen Erlebnissen und in Nachahmung anderer Personen holt sich das Kind alle Kunstgriffe seiner Lebensführung und fügt sie als bleibende Formen in seine körperliche Haltung ein. Alle Antworten, die ein Mensch auf die Fragen des Lebens gibt, sind wesentlich von einem Schema aus seiner Kindheit beeinflußt. Dazu braucht es nichts weiter, als daß es sich die Fragen und Personen, die ihm später entgegentreten, nach den schematischen Figuren und Erlebnissen seiner Kindheit gewaltsam vorstellt.

Es ist durch die Forschungen der Individualpsychologie mit unzerstörbaren Beweisen belegt, daß ein Kind sich um so einseitiger entwickelt, daß seine Stellung zu den gesellschaftlichen Forderungen um so abnormaler sich gestaltet, je stärker sein Minderwertigkeitsgefühl angewachsen ist. Zumeist geben körperliche und geistige aber kompensationsfähige Minderwertigkeiten den bedeutsamsten Anlaß[5]. Fast ebenso stark wirken Erziehungsfehler, wenn sie dem Kinde seine Distanz zum Erwachsenen unüberbrückbar erscheinen lassen. Hierher gehört auch die Einfältigkeit der übertriebenen Autorität im Rahmen der Familie. Nimmt der Vater z. B. durch allzustrenge Erziehung den Mut zum Vorwärtsschreiten, so daß sich das Kind nie und nimmer Leistungen zutraut, wie es sie beim Vater beobachtet – dasselbe läßt sich unter anderen Umständen auch durch protzigen Hinweis auf die väterliche Überlegenheit erreichen –, so wird dieses Kind auch später vor Fragen des Lebens, die ihm der Vater gelöst zu haben scheint, zurückschrecken, ja es wird sich eine Lösung überhaupt nicht zutrauen. Bis es aus der Not eine Tugend machen wird, und in heimlichem Trotz gegen das Übergewicht des Vaters dessen billige Erwartungen täuscht und zunichte macht. So gelingt es ihm endlich doch, allerdings mit recht hohen Kosten, über den väterlichen »Tyrannen« zu triumphieren. – Es liegt nahe anzunehmen, daß dieser väterliche Typus besonders in schwierigen Zeiten überhandnimmt, wenn die Außenwelt dem Menschen fast jede Geltung verwehrt und ihn verlockt, seine Überlegenheit wenigstens im Rahmen der Familie hervortreten zu lassen.

Ganz ähnlich wird auch der Sohn einer starken, unnachgiebigen Mutter kein rechtes Vertrauen zu sich aufbringen, insbesondere Frauen gegenüber, er wird in gleicher Weise wie der oben geschilderte, entmutigte Jüngling, der Konkurrenz des Mannes ausweichen und seine Stellung zur Frau als wenig aussichtsvoll, eher als feindselig empfinden[6]. Diese Empfindung aber bestimmt die Haltung des Mannes zur Frau so sehr, daß der erstere regelmäßig geneigt sein wird, dem Liebes- und Eheproblem auszuweichen, zumindestens aber strenge Bedingungen, prinzipielle Forderungen und neurotische Kunstgriffe (Krankheitsbeweise) als Sicherungen zu verwenden. Die stärkere Konkurrenz, der gehässige Kampf ums Dasein greift natürlich auch auf das weibliche Geschlecht über und schafft schwierigere Lebensbedingungen; und so ist die

[5] Adler, Studie über Minderwertigkeit von Organen, Leipzig, Wien [1]1907 [demnächst Fischer Taschenbuch Bd. 6349; vgl. auch Bd. 6220, S. 42–52.]
[6] Erscheinungen von »moral insanity« sind auf der gleichen Basis häufig.

herrschsüchtige Mutter, die den Gatten und die Kinder an die Wand drückt, meist das individuelle Produkt erschwerter Beziehungen der Geschlechter. In der Regel findet man, daß solche Frauen ihre harmonische Ausgestaltung in der »Manngleichheit« suchen, in einem verstärkten männlichen Protest gegen die Frauenrolle, der ihre Herrschsucht gewaltig steigert und ihre Liebesbeziehungen verunstaltet. Schon bei oberflächlicher Betrachtung ihres Lebens findet man Erscheinungen wie Dysmenorrhöe, Vaginismus, Frigidität, geringe Kinderzahl, zuweilen späte Heirat, einen schwächlichen Gatten und nervöse Erkrankungen, die häufig mit den Menses, mit Schwangerschaft und Geburt und mit der Menopause in Zusammenhang stehen[7].

Den unverwischlichen Eindruck eines aktiven Distanzhaltens gegenüber der Frau empfängt man aus der Betrachtung von drei gänzlich verschiedenen Gefühls- und Gedankeninhalten des Homosexuellen, die gleichzeitig in ihrem innersten Kern zusammenfallen. Die erste Gruppe, und wohl auch die wichtigste, seiner seelischen Phänomene betrifft seine gegenwärtige Haltung, die immer auch eine Direktive für die Zukunft in sich trägt. Es bedarf keiner näheren Auseinandersetzung, um darüber Klarheit zu geben, daß der Perverse unserem Gesellschaftsleben ebenso wenig angepaßt ist – und dies in allen Beziehungen seines Lebens –, als er auch der Eignung entbehrt, die seine Geschlechtsrolle von ihm verlangt. Die Artung unserer sozialen Struktur ist eben eine allumfassende. Sie liegt den inneren Konflikten, den Widersprüchen und den Kämpfen der menschlichen Gesellschaft in gleicher Weise zugrunde wie ihrer Sexualbetätigung. Deshalb auch spitzt sich die Frage der Homosexualität ganz besonders zu, sobald wir sie am Volkswillen messen. Sie ist geradezu eine Leugnung desselben und zwar im entscheidendsten Punkt. Denn der Volkswille trägt als lebendige Masse immer auch das Ideal einer ewigen Fortdauer in sich. Dies allein genügt, um die Heterosexualität als Norm zu erzwingen und jede Perversion, die Masturbation mit inbegriffen, als Verbrechen, als Verirrung, als Sünde empfinden zu lassen. Die Einheitlichkeit eines Kulturideals wehrt sich mit gerechten und ungerechten Mitteln, mit Gesetzen,

[7] Adler, Liebesbeziehungen und deren Störungen, Wien und Leipzig 1926; ders., Die Frau als Erzieherin, in: Archiv für Frauenkunde, 1916.

Strafen und mit moralischer Verurteilung gegen auftauchende, gefährlich scheinende Widerstände und Widersprüche. Freilich ist auch zu bedenken, wie leicht sich die allgemeine Verurteilung überspitzen kann, sobald eine Kampfsituation geschaffen ist, sobald das Richtschwert einer schwingt, der sich frei von Schuld und Fehlern fühlt und dies dem andern beweisen will. Oder wenn einer in der Fiktion, er habe das Recht und die Allgemeinheit zu schützen, den rächenden Arm erhebt. Als weitere Gründe, die zur Vorsicht mahnen, wenn es sich um Strafen gegen die Homosexualität handelt, seien hervorgehoben, daß die Perversion eine Gesamterkrankung der Individualität ist, und daß die Gefahr der Bestrafung gerade bei ihrer seelischen Eigenart als Aufreizung und als Verlokkung empfunden werden kann, sehr selten aber als Abschrekkung.

Denn der fertige Homosexuelle beruft sich immer auf seine ganze, historisch gleichmäßig entwickelte Individualität. Alle seine Kindheitserinnerungen scheinen ihm in seinem Standpunkt rechtzugeben. Diese Einheit der Entwicklung war es auch, die den Autoren die falsche These einer »angeborenen Homosexualität« nahegebracht hatte. Ich und SCHRECKER haben auf die fälschende Tendenz der Kindheitserinnerungen zugunsten des Lebensplanes hingewiesen. Demnach fällt ein Hauptbeweisstück für die »angeborene Homosexualität« gänzlich aus der Diskussion.

Kurz: wohin wir blicken, überall sehen wir ein aktives Eingreifen des Patienten in das Beweisverfahren, um die Unverantwortlichkeit bezüglich seines Verhaltens zu gewinnen. Der eben geschilderte, erste Tatbestand ergibt aber eine aktive, feindliche Haltung zur Gesellschaft und läßt sich in die Formel fassen: Die Ziele des Homosexuellen stehen im Widerspruch zu den Voraussetzungen eines gesellschaftlichen Lebens, der Patient zeigt wenig Gemeinsinn und kaum jenes Wohlwollen für andere, mittels dessen das Band der Einigkeit unter den Menschen geknüpft werden kann; er sucht auch nicht die friedliche Einfügung und Harmonie, sondern seine vorsichtige, aber übertriebene Expansionstendenz führt ihn auf den Weg des fortwährenden, feindlichen Messens und Kämpfens, in dessen Dienst er auch seinen Sexualtrieb stellt. Mit einem Wort: er hat sich nicht zum Mitspieler der Gesellschaft entwickelt.

Der zweite Tatbestand, der unser Interesse fesselt, weil er uns das aktive Gestalten der Homosexualität weiter aufdeckt, ergibt sich aus den eigenartigen Wegweisern seelischer Art, aus schablonenhaften Antrieben und Mementos, die sich als Temperament, als Haltung und Aktivität eines Menschen äußern. Das »Prinzip« des Homosexuellen trägt den Charakter der Distanz zum Weibe und damit der Rückwärtsbewegung mit solch unheimlicher Starre in sich, daß es – zumal unbewußt und so jeder aktuellen Erwägung entzogen – wie eine automatische Bremse wirkt. Dies ist aber auch der Sinn und Zweck eines derartigen seelischen Mechanismus, daß er wie ein Angriffs- und Verteidigungsorgan von selbst in Aktion tritt, sobald es den Patienten nach vorwärts gelüstet. Man versteht nun diese künstliche Rolle voll Aktivität, die jederzeit der Richtung des »Nichtmitspielens« Vorschub leistet. An dieser Stelle finden wir bei der psychologischen Aufhellung der Homosexualität, wie bei jeder Perversion, regelmäßig warnende Stimmen bezüglich des anderen Geschlechts und anfeuernde, die in die Perversionsrichtung zeigen (»Mangelnder Reiz der Frau«, »Schönheit des männlichen Körpers« usw.).

Der dritte Tatbestand weist gleichfalls auf die allerdings weniger deutliche Willkür hin, die der Stellungnahme des Homosexuellen zugrunde liegt. Es ist seine niedrige Selbsteinschätzung, die ihm alle Initiative zum Mitleben raubt. Sein Minderwertigkeitsgefühl ist ihm oft im ganzen Umfang nicht bekannt; alle seine Handlungen und seine ganze Haltung lassen aber erkennen, daß es als Voraussetzung in ihm steckt, und sich in der Perversion jederzeit breitmacht. Ein Urteil über die Tragweite dieses Faktors kann der Arzt erst fällen, wenn er dieses tragische Geschick des Homosexuellen, seine Feigheit dem normalen Leben gegenüber ganz erfaßt hat, was manchmal Schwierigkeiten bietet, da es sich selbst dem Patienten zum größten Teile verschließt.

Zum Schlusse will ich noch erwähnen, daß sich die Mischfälle von Homosexualität und Heterosexualität, deren es nicht wenige gibt, ferner die Jugend-Homosexualität, die senile Form und die gelegentlich auftretende, wie sie in Pensionaten, in Gefängnissen oder auf langen Seefahrten zustandekommt, eigentlich nur mit unserer Auffassung vertragen, die den Beitrag des Willkürlichen in diesem Akte, der freilich durch den Anschein der Unverantwortlichkeit gemildert erscheint, ins richtige Licht setzt. Und auch in diesen Fällen findet sich die Erklärung in der gesteigerten Expansionstendenz, die sich des allzeit bereiten Sexualtriebes bedient.

2. Spezieller Teil und Kasuistik

Im folgenden will ich aus der Krankengeschichte einiger behandelter Fälle die Grundlinien zur Darstellung bringen. Aus ihnen, hoffe ich, wird sich das Verständnis der homosexuellen Psyche ergeben und ebenso die Richtigkeit des oben dargestellten Mechanismus.

Zuerst ein Wort über die Chancen der Behandlung. Sie sind heute so ungünstig wie möglich. Dies scheint ein Widerspruch zu der Sicherheit, mit der oben von den Ursachen der Homosexualität gehandelt wurde. Man wird sich aber der Schwierigkeit einer Heilung sofort bewußt, wenn man unser Problem noch wesentlich zu erleichtern sucht und es etwa auf die Frage zuspitzt: Welche Sicherheit hat man, wenn man es unternimmt, aus einem erwachsenen Feigling einen mutigen Menschen zu machen? Denn darauf läuft im wesentlichen die Therapie der Homosexualität sowie der Psychoneurose hinaus, nur daß in unserem Falle die Feigheit zuweilen gut verdeckt ist oder sich vorwiegend auf die Liebes- und Ehebeziehung erstreckt. Da ich an dieser Stelle auf die Therapie nicht ausführlich eingehen will, möchte ich nur hervorheben, daß die Behandlung

1. die festgewurzelten kindlichen Vorstellungen von den Gefahren der Heterosexualität zu entwurzeln hat; daß sie
2. die Distanz des Patienten zu seinem geschlechtlichen Partner haarscharf nachzuweisen hat; daß sie
3. seine antisoziale Linie hervorheben muß und
4. das Ziel der Überlegenheit im Patienten entlarven und als festgehaltene Utopie zerstören muß.

Dieser ganze erzieherische Prozeß bedarf des größten pädagogischen Zartgefühls und der feinsten Mittel. Man wird mir deshalb sicherlich zustimmen, wenn ich zu dem Schlusse komme, die Beseitigung der Homosexualität ist eine Erziehungsfrage der Kinder. Und in der Kinderstube wird sich als wichtigste Forderung geltend machen, dem Kinde den Mut nicht zu nehmen, ihm die Fragen seines zukünftigen Lebens nicht zu verdunkeln, seine Geschlechtsrolle von allem Anfange als feststehend und unabänderlich sicherzustellen. Insbesondere im letzten Punkt wird vielfach gefehlt. Es kann kein Zufall sein, daß ich in allen meinen Fällen, nicht bloß in den mitgeteilten, eine auffallende Unsicherheit bezüglich der Geschlechtsrolle anamnestisch bei den Patienten erheben konnte. Ja, diese kindliche Unsicherheit erscheint mir geradezu als die Hauptbedingung in der Vorgeschichte des Homosexuellen.

ERSTER FALL

Streiflichter aus einer Selbstbiographie, verfaßt vor der Behandlung

»... Ich wuchs mit meinen älteren Schwestern auf, die mich bei ihren Spielen ganz als Spielzeug benutzten. Besonders eines der Spiele ist mir in peinlicher Erinnerung. Ich war die Kuh und wurde von den anwesenden Mädchen am Geschlechtsteil gemolken. Erst als ich mich bei der Gouvernante beklagte, nahm diese Quälerei ein Ende.
Gern sind wir Kinder auch auf den Knien unserer Gouvernante, noch lieber auf denen befreundeter Herren geritten und machten unserem Wohlbehagen in lustigen Schreien Luft. Im Gegensatz zu meinen Schwestern aber war mir dabei mein Geschlechtsteil im Wege. Ich ersann ein bequemeres Pferdchen: steckte den Polster zwischen die Beine und ritt stundenlang darauf im Zimmer umher. Auch meine Schwestern machten dies Spiel gern mit, und wir waren ganz verliebt in unsere Polster. Später verwandelten wir ihn in ein kleines Kind, das wir an unserer Brust trinken ließen. Auch lutschten wir gerne an den Zipfeln des Polsters, was uns in immerwährende Kämpfe mit den Hausangestellten verwickelte. Als man mir aus Gesundheitsrücksichten mein Schaukelpferd wegnahm, kam ich durch Nachgrübeln auf den Zusammenhang dieser Maßregel mit dem Geschlechtsorgan und machte die sonderbare Wahrnehmung, daß ich die Testikeln in den Unterleib verschwinden lassen könne. Nun versuchte ich auch den Penis fortzuzaubern, was mir nur vorübergehend durch starkes Zusammendrücken gelang. Als erwachsener Junge wünschte ich nichts sehnlicher

denn als doppelgeschlechtliches Wesen zu existieren. Da hätte ich Gelegenheit gehabt, als Mann unauffällig mit Männern zu verkehren, und als Mädchen, sie zu beherrschen. Als 12jähriger Knabe hielt ich mich mit Vorliebe im Stalle beim Kutscher und bei den Stallburschen auf. Ich hatte dort öfters Gelegenheit, deren Geschlechtsteile zu sehen, die mir im Verhältnis zu den meinen riesengroß vorkamen. Eines Tages wurde ich Zeuge, als der Stallbursche seinen Arm in das Geschlechtsteil einer Stute einführte. Alle diese Größendimensionen verwirrten mich derart, daß mir vor meiner Zukunft bange wurde. Dabei war ich nicht veranlagt, eine untergeordnete Rolle zu spielen. Ich war überaus ehrgeizig und starrköpfig. Bei Ausfahrten, die ich gemeinsam mit meinen Schwestern machte, gab ich immer die Richtung an und zwang die Mädchen sogar, nur in jene Richtung zu blicken, die ich ihnen bestimmte. Eines Tages – ich kann etwa 12 Jahre gewesen sein – griff ich nach dem Penis des Stallburschen, der mich noch weiter unterwies, – und so kam mein erster homosexueller Akt zustande, der mich mit ungeheurem Stolze erfüllte. Bis auf den heutigen Tag ist es so geblieben; die Macht, die ich auf Männer ausübe, erfüllt mich mit Wonneschauern. Vor kurzem verleitete ich einen älteren Stabsoffizier, der immer heterosexuell war, zu homosexuellem Verkehr. Ich hatte fast eine Genugtuung, als ich ihn nachher ganz ermattet vor mir sah und bat ihn, mir den Überfall nicht übel zu nehmen. Er mißverstand mich, denn er gab zur Antwort: »Tout comprendre, c'est tout pardonner!«

In dieser Selbstbiographie des Patienten tritt das von mir gezeichnete Grundschema deutlich hervor; das Übergewicht des weiblichen Anteils der Familie, die Unbequemlichkeit des unterscheidenden Geschlechtsteiles, die Unsicherheit des Kindes bezüglich seiner Geschlechtsrolle, die Hoffnung auf eine Abänderung derselben und die Richtlinie des Ehrgeizes, der auf Umwegen seinen Triumph sucht.

ZWEITER FALL

Ein 26jähriger, etwas verträumt und schüchtern aussehender Mann stellt sich als Homosexueller vor, mit der Frage, ob ich ihm die Heirat gestatten würde. Derlei Fragen, an den Nervenarzt gestellt, sind immer nur Vorwände. Er hätte nie gefragt, wenn er wirklich gewollt hätte. Gleich die nächsten Erkundigungen ergaben, daß er die Homosexualität für etwas Unabänderliches halte, und er belegte seine Anschauung mit einer ganzen Reihe von Zitaten bekannter Autoren. Ich will nicht sagen, daß diese weitverbreitete, unrichtige Auffassung der Autoren einen greifbaren Schaden bringt. Aber bei der Perversion, die sich auf einen Wust von Irrtümern aufbaut und so den Patienten im Aberglauben gefangen hält, sind solche autoritative Behauptungen wie von der »Unheilbarkeit der Homosexualität« sehr geeignet, das Truggebäude des Patienten zu stützen. Es wird sich demnach empfehlen, mit dieser Behauptung entsprechend unserem Standpunkt ein wenig zurückzuhalten.

Über seinen Lebensgang befragt, erzählt er, er sei das uneheliche Kind einer Bauerstochter und sein Vater sei ihm unbekannt. Seine Mutter habe ein zweites uneheliches Kind zur Welt gebracht und dann in einer Ehe noch zwei Mädchen, die er als kleiner Junge Tag und Nacht überwachen mußte. Diese Aufgabe erfüllte ihn mit größtem Unbehagen, und er erinnerte sich recht gut, wie er nicht bloß die zwei kleinen Mädchen, sondern Mädchen und Frauen insgesamt als ihm feindliche Wesen angesehen habe, die an seinem verachteten Lose die Schuld trügen. Zu dieser Weltanschauung hatten außerdem noch Bemerkungen der Großmutter beigetragen, die ganz offen vor dem Knaben die Mutter brandmarkten. Gleichzeitig mit diesem Angriff und mit seinen eigenen traurigen Erfahrungen, wie ihn die Mutter selbst der Erniedrigung entgegenführte und zum Dienst für die kleinen Mädchen bestimmte, hörte er unausgesetzt, vor allem durch die Großmutter, wie verwerflich Liebesbeziehungen seien. Nicht anders wie andere Knaben und Männer verstand er darunter: wie sehr man sich vor Frauen hüten müsse! Und dazu hatte er wohl durch sein eigenes Schicksal die geeignete Vorbereitung gewonnen.

Die Art seiner Reaktion auf Gefühle der Herabsetzung können wir vielleicht am besten verstehen lernen, wenn wir hören, daß er, der allseits verachtete Knabe, den festen Entschluß gefaßt hatte, Pfarrer zu werden, was in seinem Dorfe nicht weniger bedeutete, als der erste Mann im Dorfe zu sein.

Gleichzeitig weist uns diese kindliche Berufswahlphantasie darauf hin, daß er bereits frühzeitig sein Ziel (als Katholik) fern von Frau und Liebe suchte. In der Volksschule erwies er sich als der Fleißigste und Begabteste, und setzte es nach vieler Mühe durch, ins Gymnasium gebracht zu werden. Aber nach der zweiten Klasse, die er wieder mit gutem Erfolg beendet hatte, nahm ihn sein Vormund aus der Schule und verwendete ihn zum Gänsehüten.

Das Schicksal dieses Knaben war, wie man sieht, durchaus nicht geeignet, ihn zu einem guten Mitspieler der Gesellschaft zu machen. Zwei Jahre lang hütete er nun die Gänse, bis Fremde sich seiner annahmen und seinen Vormund bewogen, den begabten Jungen einem Berufe zuzuführen. Er wollte Mechaniker werden. Sein Vormund zwang ihn als Weberlehrling einzutreten. Nach dreijähriger Lehrzeit – er war indes 17 Jahre alt geworden – entsagte er gemäß einem schon früher gefaßten Entschluß der Weberei und ging als Lehrling in eine technische Fabrik. Gleichzeitig begann er intensiv an einer Gewerbeschule zu studieren und gelangte nach vieler Mühe zu seiner derzeitigen günstigen Position.

Schon als Weberlehrling hatte er einen Freund gefunden, dem er, anders wie den anderen Leuten, volles Vertrauen entgegenbringen konnte. Gleichzeitig war es ihm nun möglich, sein Persönlichkeitsgefühl soweit zu erstrecken, daß er, der bisher von allen gedrückt wurde, einen Einfluß auf einen Menschen bekam. Es nimmt uns nicht wunder, daß auch sein erwachter Sexualtrieb die Richtung annahm, die dem Patienten durch seine bisherige, endgültig gewonnene Haltung zum Leben nahegerückt war: durch die Distanz und durch die furchtsame Abneigung gegenüber der Frau, durch besonders innige Zuneigung zum Freund als dem ersten Menschen, der ihm liebevoll entgegenkam. Gleichzeitig, unter der Peitsche des Sexualtriebes, erlag er der Versuchung, eine dominierende Stellung über einen Menschen durch sexuelle Bindung zu gewinnen. So wurde er, der verachtete, überall zurückgesetzte, aber nach Triumphen lüsterne Mensch der Verführer seines Freundes und ein aktiver Homosexueller.

Gelegentliche heterosexuelle Versuche waren ihm in seinem späteren Leben geglückt. Aber er fand immer eine Wendung, um sie als mißglückt zu buchen. So z. B. wenn er nach einem normalen Geschlechtsverkehr mit einer Prostituierten diesen

Akt als »ekelhaft« empfand. Man findet dieses Verhalten nicht gerade nur bei Homosexuellen; unser Patient aber nimmt seinen Ekel als Beweis seiner »angeborenen perversen Richtung« – und fühlt sich weiter zu ihr verpflichtet.
Man hatte ihm vor einiger Zeit zu einer Heirat zugeredet. Er verlobte sich auch mit dem ihm vorgestellten Mädchen, benahm sich aber derart abstoßend und linkisch, daß man ihm gerne wieder Gelegenheit gab, sich zurückzuziehen. Kaum hatte er sich verlobt, so kam er zu mir, um sich mit seiner »angeborenen Homosexualität« vorzustellen. Sicherlich weniger, um Heilung zu suchen, als um die Krankheitslegitimation und mit ihr die Verpflichtung zum Rücktritt von der Heirat zu erwerben. Als er sich den zwingenden Gründen der obigen Anschauung gefügt hatte, verliebte er sich in ein 14jähriges Mädchen, d. h. in ein untaugliches Objekt, wieder nur um Zeit zu gewinnen. Seine Verlobung löste er auf. Er hatte also auch in unserer Behandlung die alte Furcht und Abneigung der Frau gegenüber, die ihm leider durch seine merkwürdigen Schicksale erwachsen waren, sicherlich aber nicht unabänderlich bleiben mußten, noch immer nicht überwunden.

Ich bin weit davon entfernt, in diesen zwei Fällen von einer Heilung der Homosexualität sprechen zu wollen: aber in beiden Fällen gelang es unserer Behandlung, die Distanz zwischen den Patienten und dem weiblichen Geschlecht erheblich zu verringern. Insbesondere der zweite Fall erscheint uns günstig gelegen und dürfte in einiger Zeit eine wesentliche Umgestaltung ins Normale erfahren. Aber ich möchte vor einer Unterschätzung der Schwierigkeiten warnen. Wie überhaupt unsere Befunde vielmehr geeignet sind, der Prophylaxe der Homosexualität als einer so ungemein schwierigen Therapie das Wort zu reden. Andererseits ist freilich wieder hervorzuheben, daß die Therapie vor den größten Schwierigkeiten nicht Halt machen darf. Und auch in den obigen Fällen, von denen der erste mehr einer weiblichen, der zweite mehr einer männlichen Rolle zuneigte, war die anscheinende Fixierung in der Homosexualität bald erschüttert, und beide Patienten kamen zu heterosexuellen Leistungen allerdings dürftiger Art. Man vergesse aber nicht, wie auch der normal gerichtete Jüngling oft eine geraume Zeit der Vorbereitung bedarf, um

seiner Sexualfunktion klaglos zu genügen. Und man lasse den gebesserten Patienten auch genügend Zeit.
Bei vielen Homosexuellen wird aber die Behandlung aus einem zweiten Grunde unbedingt nötig werden. Es sind jene Fälle, bei denen neben der Homosexualität die regelmäßig begleitende Neurose so deutlich hervortritt, daß schon um der Lebensfähigkeit willen eine Kur verlangt werden muß. Auch bei den beiden beschriebenen Fällen fanden sich zahlreiche nervöse Symptome, die gleichfalls der Furcht vor den gesellschaftlichen Forderungen ihre Entstehung verdankten, wie Hypochondrie im ersten, Schlaflosigkeit, Erröten und Schüchternheit im zweiten Falle. Besonders deutlich tritt diese Notwendigkeit in folgendem Falle hervor, der auch die von vielen Autoren betonte Vielseitigkeit der Perversion aufweist.

DRITTER FALL

Ein wichtiger Vorteil, den ich aus dem Studium der Neurose und der psychisch gleichbedeutenden Perversion gewann, lag in dem wachsenden Verständnis für den unheimlichen, oft gut versteckten Trotz des Patienten, der sich in der Kindheit an einem Stärkeren, später an den als zu übermächtig empfundenen gesellschaftlichen Forderungen übte. Aus den einleitenden Darstellungen ist dieser Umstand genau zu erkennen. Wir werden noch Gelegenheit haben, die kindliche Form dieses Trotzes als eines bedauerlichen Erziehungsresultates kennenzulernen. Ein Spezialfall, der sich häufig findet, ist folgender: Es kann das Merkwürdige geschehen, daß auch der bravste Knabe in Trotz und Negativismus verfällt, nur um seines Minderwertigkeitsgefühls ledig zu werden und über den Vater hinauszuwachsen. Dies alles kann sich in einer falschen Auffassung zutragen, in dem berechtigten Wunsche, ein voller Mann zu werden. So aber kann dieses Kind sein ganzes Wollen und Handeln in der einen Richtung vorwiegend zuspitzen, dem Vater das Spiel zu verderben. Es ergeben sich nun zwei Möglichkeiten einer weiteren Entwicklung. Die eine ist die, daß das Kind bei einem liebevollen Vater seinen Trotz vor sich und anderen verbirgt, aber im Handeln und insbesondere im Effekt seines Handelns gegen die Erwartung des Vaters operiert, mit Ungeschicklichkeit etwa oder mit dem

Schein einer beharrlichen Unfähigkeit. Oder die Herrschsucht des strengen Vaters begünstigt und steigert noch diesen offenen Trotz, bis das Kind den Glauben an sich, das Zutrauen, in der Zukunft den anderen gleichzukommen, verliert. In letzterem Falle wird es eine starke Sicherung brauchen und aufbauen, um nicht durch Niederlagen und Beeinträchtigungen im Vergleich mit dem Vater an Persönlichkeitswert zu verlieren[8]. – Diese Linie der Vorsicht wird immer auch zu einer Ausbiegung führen an jener Stelle, an der eine der drei Lebensfragen[9], das wichtigste gesellschaftliche Problem, die Beziehung zur Frau, in ein entscheidendes Stadium tritt. Dann liegt nur der Weg zur Neurose und unter begünstigenden Umständen zur Perversion frei. Zusammenfassend können wir demnach sagen, daß wir in der Vorgeschichte des Homosexuellen neben den geschilderten Zügen (Unsicherheit der Geschlechtsrolle, Furcht vor Entscheidungen, Konstruktion eines künftigen Lebens ohne Frau, verzehrende Sehnsucht nach Triumphen) nie die bewußte oder unbewußte feindliche Haltung gegenüber dem Vater, dem Vormund oder gegen die Mutter vermissen werden.

Ich will noch einer kleinen Erscheinung Erwähnung tun, die man häufig bei Homosexuellen, allerdings auch bei anderen Nervösen, antrifft, die sich aus ihrem heimlichen Ehrgeiz erklärt und zuweilen zu den bekannten Formen einer unechten Wohltätigkeit und mitleidigen Empfindens führt. Es ist dies ein Zug ununterbrochener Begönnerung. Ratschläge, kleine, zuvorkommende Hilfeleistungen, Handreichungen, Warnungen und andere gönnerhafte Akte kommen ununterbrochen zutage. Hier wird ein Stein aus dem Wege geräumt. Dort auf einen Nagel, auf einen Glassplitter aufmerksam gemacht, der andere wird gebürstet, seine Kravatte wird gerichtet, es wird zum rechtzeitigen Aufbruch gemahnt, usw. Man hat den Eindruck einer vorsorglichen Persönlichkeit, deren aufdringlich altruistisches Benehmen bis zur Lästigkeit gehen kann. Diese Vorsorglichkeit macht sich aber in ihrer Übertreibung verdächtig. Der Patient reißt nämlich in allem die Zügel an sich, und die Ausschließlichkeit, mit der er für alle zu denken, zu handeln versucht, wie er andere zur Passivität verurteilt, wird auch ohne psychologische Untersuchung

[8] Hoche und Lewandowsky sind auf ähnliche Tatsachen der »Sicherung« gestoßen.
[9] Siehe Adler, Menschenkenntnis [Fischer Taschenbuch Bd. 6080], S. 113 ff.

recht oft als eine Vergewaltigung empfunden. Und dieser Eindruck verstärkt sich außerordentlich, sobald man bei weiterer Untersuchung merkt, wie sich ein spionierender Zug, eine verhüllte nörgelnde Attitude in das Gebaren des Patienten einmengt. Diese nach Überlegenheit lüsterne, der gradlinigen Aggression ausweichende Attitude erscheint uns schlangenähnlich, gewunden. Ich habe zuweilen diese prinzipielle Haltung bei Homosexuellen in einer schlangenähnlichen Bewegung wahrnehmen können, als Zwangsbewegung, so oft sie vor einem schwierig scheinenden Problem standen, um das sie sich herumbewegen wollten. Auch in dem nun zu schildernden Falle trat diese Zwangsbewegung auf.

Dieser Patient stellte sich mir mit der Mitteilung vor, daß er homosexuell sei und an schrecklichen Zwangsgedanken leide. Letztere stören ihn in seiner Arbeit – er ist Privatbeamter – ungemein. Ebenso sei seine weitere fachliche Ausbildung, sein Studium der Handelsfächer, durch sie in Frage gestellt. Das Studium habe er nach dem kürzlich erfolgten Tod seines Vaters aufgenommen, um in seiner Karriere rascher vorwärts zu kommen. Er habe für sich und seine Mutter zu sorgen.

Er war für seine Jahre (er zählte 25) schwächlich, von zartem, blassem Teint und zeigte Hutchinsonsche Zähne. Die Frage nach seinem Vater ergab auch, daß derselbe im Verlaufe einer Paralyse an einem Schlaganfall gestorben war. Der Patient war das einzige Kind; die Mutter gebar ihn spät. Sie war um fünf Jahre älter als der Vater.

Über die Lues als Keimverderberin findet sich reichliches Material in den Arbeiten der Pathologen und Kinderärzte. (Siehe z. B. die Arbeiten HOCHSINGERS.) Angesichts dieser zahlreichen Schädigungen der Entwicklung, die alle Organe betreffen können, ist es begreiflich, wenn wir bei Kindern luetischer Eltern im Verlaufe einer kränklichen Kindheit Minderwertigkeitsgefühle auftauchen sehen. Die Sorge solcher Eltern um das schwächliche Kind verschlimmert meist die Situation. In anderen Fällen wieder errichtet der Vater im herabsetzenden Gefühl seiner Lues ein Schreckensregiment oder züchtet die Hypochondrie. Immer gewinnt das Gefühl der Schwäche und der Unsicherheit in der Seele des Kindes die Oberhand.

Im Hause unseres Patienten herrschte ein ideales Familienleben. Die Eltern waren kluge, liebenswürdige Leute, und die

Mutter, die ihren einzigen Sohn kaum von der Seite ließ, hatte es durch freundliche Nachgiebigkeit verstanden, die zeitweise hervortretenden Launen und Verstimmungen ihres Mannes immer rasch zum Verschwinden zu bringen. Einige Tatsachen stehen fest in der Erinnerung unseres Patienten, wie die, daß er schwächlich, stets sorgfältig überwacht und mit einem Sprachfehler behaftet war, über den sich seine Angehörigen oft lustig machten. In harmloser Weise erzählt er von seiner Entwicklung, während uns dabei langsam die Wegweiser auftauchen, aus denen wir seine Lebenslinie ersehen. Es finden sich ganz markante Größenideen. So weiß er von seiner Mutter zu berichten, daß sie ganz in seiner Pflege und Wartung aufgegangen sei. Er selbst habe schon im dritten und vierten Lebensjahre so sehr mit dieser Hingebung gerechnet und habe sie zu steigern versucht, daß er es später noch als eine arge Benachteiligung empfand, *wenn seine Mutter nicht bei ihm war.* Wir sehen hier jenen Erziehungsfehler, der unter allen am meisten die Selbständigkeit des Kindes untergräbt und es feige fürs Leben macht. Mit diesem Verhalten der Mutter steht in gutem Einklang, daß sie gegen die Dienstmädchen bis in die letzte Zeit aufs äußerste mißtrauisch war und ihm keine Gelegenheit gab, mit Mädchen allein zu sein, ja ihn mit Worten deutlich abschreckte. So kam es, daß er, der seiner Mutter gegenüber vollständig eine Herrschaft ausübte, auf ein Vorwärtsgehen in gesellschaftlicher Richtung bald endgültig verzichtete, nicht zum wenigsten, weil er sich das große Maß von Herrschaft, das er erringen zu müssen glaubte, anderswo nicht zutraute.

Dagegen wird uns eine andere Erinnerung zum Wegweiser für seinen Trotz und für seine Rivalität gegenüber dem Vater, und zeigt uns gleichzeitig an, daß ihm die gewonnene Herrschaft über die Mutter keineswegs genügte. Er schlief in einem Zimmer, das an das Schlafzimmer der Eltern grenzte. Eines Abends, – er dürfte damals sechs Jahre gewesen sein, – als sich seine Eltern zur Ruhe begeben hatten, sprang er in einem Anfall von Zorn, wie er ihn nie erlebt hatte, aus dem Bett, ergriff einen Stock und schlug solange auf den Ofen los, bis seine Mutter kam, um das Kind zu beruhigen. Auch erinnert er sich, oft vor dem Einschlafen nach seiner Mutter gerufen zu haben, um von ihr allerlei Dienste zu verlangen.

Dieser Zug, sich seiner Mutter zu bemächtigen, sie in seinen

Dienst zu stellen und sich so auf billige Weise ein Herrschaftsgefühl zu sichern, tritt auffällig genug hervor und könnte einen leicht verführen, eine inzestuöse Neigung zu entdecken, alle Äußerungen des Patienten in den Sexualjargon zu verwandeln und daraus zu gewinnen, was man hineingesteckt hat: die sexuelle Ätiologie der Homosexualität. Unser Patient aber berichtet, daß ihm bis in sein zwölftes Jahr, wohl infolge der strengen Behütung durch die Mutter, jede Kenntnis des Geschlechtsunterschieds, jedes Interesse und jede Regung abging, und daß er den Aneiferungen seines Vaters, er möge sich doch wie ein Knabe benehmen, verständnislos, unbeholfen und wohl auch trotzig gegenüberstand. Es ist vielmehr leicht zu verstehen, daß dieses Kind in seinem Gefühl der Minderwertigkeit eine Stütze suchte, diese in der Mutter auch fand, und daß er auf den Vater nicht griff, weil dieser sich weniger eignete! Ich will es ruhig dem Urteil erfahrener Kenner der Kinderseele überlassen zu entscheiden, um wieviel haltbarer dieser Tatbestand ist zu erklären, warum sich dieses Kind an die Mutter anlehnen mußte, als die Willkürlichkeiten FREUDS, die die seelische Entwicklung des Knaben mit all ihren Verästelungen von einer durch den Sexualtrieb bedingten inzestuösen Neigung herleiten.

In dieser Strömung, in der sich die Seele des verzärtelten Knaben entwickeln sollte, war nicht bloß der Anlaß gelegen, seine Herrschaftsgelüste auf die Mutter immer weiter auszudehnen, in Liebe und zuweilen in Zorn seine Person bei ihr zur Geltung zu bringen, sondern es verschärfte sich in ihr auch der Gegensatz zum Vater immer mehr, der allerdings nicht in offenem Trotz oder in offener Feindseligkeit verlief, weil der Vater es sorgfältig vermied, einen Druck auf den Knaben auszuüben. Gänzlich zu vermeiden war es aber nicht, daß die Überlegenheit des Vaters, der Natur der Dinge gemäß, gelegentlich den Sohn ins Hintertreffen drängte. So wenn er die Hilfe des Vaters für mathematische Arbeiten in Anspruch nahm, wofür er sich jedesmal dadurch rächte, daß er den Vater durch ein unbewußt erkünsteltes Unverständnis in Zorn und Aufregung versetzte.

Der schon betonte Umstand seiner körperlichen Schwäche schuf gleichfalls einen Gegensatz aus der Situation heraus, insofern als der Vater auffallend groß und stark war. Und es

steigerte nur diesen Gegensatz, wenn der Vater unablässig den Knaben dazu drängen wollte, sich nicht »wie ein Mädchen« zu benehmen, nicht immer an der Mutter zu hängen, sondern wie ein Knabe zu tollen, mit andern Knaben umherzulaufen und Streiche zu begehen. Wir verstehen, daß bei dem bereits eingewurzelten Gefühl der Gegnerschaft der Vater nicht der geeignete Führer sein konnte, da er immer auf den Widerstand des Knaben stoßen mußte. Aber noch aus einem zweiten Grunde mußte der Vater scheitern. Es ist dies derselbe Grund, aus dem auch die Kur immer wieder zu scheitern droht, wenn man ihn nicht beseitigt: Weil unser Patient als ein unsicheres Kind seinen kompensierenden Ehrgeiz bereits so weit ausgebaut hatte, daß er nur mehr solche Wege gehen konnte, auf denen seine eigene Überlegenheit, nicht die des Vaters oder später des Arztes zutage tritt. Zudem hätte er auch in den Spielen und Streichen der Knaben kaum eine gute Figur gemacht.
Nun hätte er ja, wie man es sonst bei nervös disponierten Kindern sieht, in einen kompensatorischen Negativismus, in eine offen trotzige, quälende, sadistische Haltung verfallen können. Auch dieser Weg war ihm durch die liebenswürdige, freundschaftliche Beziehung des Vaters verschlossen, der eher auf den Schleichwegen der Überredung und erzieherischer Zärtlichkeit seine Kunst anbringen wollte. Diesem Verfahren gegenüber blieb dem Knaben nur ein einziger Gegenzug übrig: Auf den gleichen Schleichwegen die Liebe des Vaters zu erhalten und zu steigern, um sich so auch ihm gegenüber die Herrschaft zu sichern, gleichzeitig aber mit der rasch erlernten Schablone passiver Haltung und unfähiger Kraftlosigkeit die steten Forderungen des Vaters nach einer männlichen Haltung zunichte zu machen.
In dieser seelischen Verfassung, in der ihm die ausschließliche Herrschaft über die Mutter und ihre Unterordnung als einziger Beweis seiner Überlegenheit auch über den Vater erscheinen mußten, war jede Bewegung und jede Stellungnahme des Patienten durch sein fiktives Ziel bedingt: Trotz seiner körperlichen und kindlichen Schwäche seinem Willen zur Macht auf Umwegen und durch heimliche Schliche, niemals aber durch geradlinige Aggression und durch Herausforderung zum Kampf Geltung zu verschaffen. Einige dieser »Fechterstellungen« sind ein-

wandfrei zu rekonstruieren und zeigen Tatsachen und vorbereitende Handlungen, die sich später in Wirklichkeiten umsetzen sollten oder die den Lauf seiner Phantasie frühzeitig enthüllen konnten. So z. B. wenn er als Kind bald die Polster, bald die Decke in Unordnung brachte, um einen Grund zu finden, die Mutter von der Seite ihres Mannes weg zu sich zu rufen, während er später als Erwachsener sie vom Vater losreißen wollte, indem er ihr den Verdacht auf eine eheliche Untreue desselben nahezulegen versuchte.

Die List und verschlagene Heimlichkeit seines Vorgehens war aber dadurch von selbst gegeben, daß er sich die offene Aktion niemals zutraute. Aus der gleichen Schwierigkeit heraus mußte es zu mannigfachem, oft zwiespältigem Verhalten und scheinbar widerspruchsvollen Charakterzügen kommen (die falsch verstandene »Spaltung der Persönlichkeit« der Autoren), die in gleicher Weise auf den Erweis seiner Überlegenheit hinzielten. Er mußte z. B. soviel an Liebe aufbringen, fleißig und strebsam sein, um seine Geltung bei Vater und Mutter nicht einzubüßen. Folglich brachte er dies alles auf. Und er mußte andererseits wieder in heimlichem Trotz gegen beide so weit verharren, daß beide ununterbrochen mit ihm zu tun hatten. Folglich hatte er auch den Trotz und die Unfähigkeit, wie andere Neurotiker etwa Enuresis oder Stottern oder Masturbation. Dasselbe schablonenhafte Verhalten muß der Arzt in der Kur erwarten und aufklären. Denn es ergibt sich mit Sicherheit, daß in der Psyche des Nervösen alle scheinbar gegensätzlichen Regungen: Liebe und Haß, Trotz und Gehorsam, Herrschaft und Unterwerfung, Sadismus und Masochismus, Aktivität und Passivität, Homosexualität und Heterosexualität nur Mittel sind, um den fiktiven Endzweck einer Allüberlegenheit zu erreichen. Damit verschwindet aber ihre Gegensätzlichkeit!

Will man sich in diesem Stadium des Verstehens nochmals überzeugen, ob man die richtige Linie gefunden hat, so muß man weitere Kindheitserinnerungen zu Hilfe nehmen, ob man in ihnen wohl die gleiche und nur die gleiche Linie wieder findet, z. B. die »unvergeßlichen Träume« aus der Kindheit, in der Erwartung, dort die Ansätze zur Taktik des Patienten zu finden. Einer dieser Träume, etwa aus dem sechsten Jahre, lautete:

»Ich gehe einen Berg hinan, auf dessen Spitze meine Mutter

auf mich wartet. Ich gehe in Serpentinen. Hinter mir geht ein Mann die gleichen Wege. Er ist wie ein Wachmann gekleidet, und ich hatte die Empfindung, er wolle mir etwas tun«.

Läßt man diesen Traum unbefangen auf sich wirken, so ergeben sich aus ihm das Streben nach oben, der Kampf um die Mutter, die Heimlichkeit des Schleichweges und die feindliche Stellung des Vaters. – Ein zweiter Traum aus dem siebenten Jahre lautet:

»Ich gehe mit meinem Vater auf einer Straße. Hinter uns kommt ein Mensch, der sich wie wahnsinnig gebärdet. Er schlägt allen Leuten die Köpfe ab«.

Auch aus diesem Traume, der ohne Zuhilfenahme von Vermutungen nicht restlos verstanden werden könnte, ist wenigstens das eine mit Sicherheit zu ersehen, wie sich unser Patient das Leben außerhalb des Hauses (»auf der Straße«) gefahrvoll gedacht hat und wie er sich des Schutzes des Vaters versichert haben mag.

Wenn wir ferner die Vorbereitungen dieses Knaben in Betracht ziehen, die so deutlich die Linie der Sicherung und des Aufschwunges »von unten nach oben«, zur Überlegenheit über alle andern, um gleichwohl dem geraden Angriff auszuweichen, verfolgen, so dürfen wir erwarten, sie, soweit es geht, auf allen andern Gebieten seiner Betätigung wiederzufinden. Dies müßte vor allem bei seinen Lieblingsbeschäftigungen und Spielen zutreffen, weil diese in hervorragendem Maße vom Kinde als vorbereitende Akte fürs Leben erfaßt werden. In der Tat gibt der Patient an, daß er eigentlich nie oder nur gezwungen an Spielen anderer Kinder teilgenommen habe, daß er sich von früher Kindheit an fast ausschließlich und mit großer Vorliebe mit Eisenbahnspielen beschäftigte und daß ihn besonders der Mechanismus interessierte. Nach vorliegenden Materialien[10] darf ich annehmen, daß diese auf Mechanismen gerichtete Neugierde des Kindes einer großen gefühlten Unsicherheit des Kindes in bezug auf sein Wissen entspringt, die suchend und tastend Beruhigung verlangt. Gleichzeitig verstehen wir, daß sich solcherart keine Kampfnatur betätigt, was aus zahlreichen weiteren Mitteilungen aus der Kindheit dieses Mannes bestätigt wird. Ist dies

[10] Siehe ADLER, »Heilen und Bilden« [Stelle nicht auffindbar, d. Hrsg.].

nicht der gleiche Eindruck, der den Vater zur Klage bewogen haben mag, daß unser Patient sich wie ein Mädchen und nicht wie ein Knabe benehme? Erinnern wir uns an sein zartes Äußere, an die Locken, die er trug, ferner daran, daß er bis zu seinem fünften Lebensjahr in Mädchenkleidern ging, und daß er fast bis zur Pubertät über Geschlechtsunterschiede, ja über seine eigene Geschlechtsrolle, im unklaren war, so verstärkt sich der Eindruck, daß in seiner Unsicherheit des Wissens auch die in bezug auf seine Geschlechtsrolle mitinbegriffen war, ja geradezu als verstärkender Faktor wirkte. Auch bezüglich der Mädchen kann ich die analoge Behauptung aufstellen, daß Kämpfen und Raufen, Klettern und Hetzen, übertriebene Sportleistungen und Träume von solchen Betätigungen, wie schon SMITH und STANLEY HALL hervorgehoben haben, auf eine Unzufriedenheit mit der weiblichen Rolle und auf den »männlichen Protest« hinweisen. Damit kommt eine neue, verstärkende Note in das Bild unseres Patienten, die uns wieder bestätigt, daß er, unsicher in seinem Wissen um seine künftige Geschlechtsrolle, dem männlichen Streben nach Macht entsagt habe.

Aus seinen unbeeinflußten Mitteilungen geht ferner hervor, daß er sich mit etwa zehn Jahren die Meinung gebildet hatte, die Mutter bringe das Kind zur Welt, wobei ihr der Bauch aufplatze. In derselben Zeit litt er an Phobie, es könnte bei seiner Eisenbahn der Kessel platzen. Wir finden hier in der Form einer Phobie versteckte Gedankengänge und Regungen, die notwendigerweise einen Protest gegen die weibliche Rolle in sich tragen mußten. Auch aus einem andern Umstand noch war ihm die Möglichkeit, dereinst eine weibliche Rolle spielen zu müssen, nahegelegt worden. Alle seine Kinderjahre waren nämlich ausgefüllt durch den Verkehr mit einer um sechs Jahre älteren Cousine, die ihm wegen ihrer besonderen Energie und Courage Achtung und Furcht eingeflößt hatte. Am häufigsten spielten beide Hochzeit. Unser Patient mußte dabei die Rolle der Braut übernehmen und eine lange Schleppe tragen, während das Mädchen[11] den Bräutigam spielte. Das heißt aber doch wohl, daß es die Organminderwertigkeit des Knaben mit sich gebracht hatte, daß man ihn mädchenhaft fand – und daß er als Knabe nicht ohne weite-

[11] Siehe ADLER, »Männliche Einstellung bei weiblichen Neurotikern«, in: Praxis und Theorie der Individualpsychologie, a.a.O. [Fischer Taschenbuch Bd. 6236].

res gelten sollte. Er hat in der Folge diese stillschweigende Anschauung stillschweigend übernommen und war endlich dahin gelangt, daß er sich weder zu einer männlichen noch zu einer weiblichen Rolle glatt entschließen konnte.

Zieht man seine allzu lang ausgedehnte Unsicherheit in bezug auf seine Sexualrolle in Betracht (eine Folge seiner Abschließung durch die neurotische Mutter, die sich erst spät zu ihrer Frauenrolle, d. h. zur Heirat, entschloß und ein zweites Kind fürchtete, deshalb auch die Sorge mit dem einen übertrieb – ein Erfolg ferner des durch seine Lues für die Zukunft des Knaben besorgten Vaters, der sich zu spät entschloß, den Knaben frei herumlaufen zu lassen), so sehen wir die Entwicklung eines organisch minderwertigen Kindes vor uns, dessen Empfindung mangelhafter Männlichkeit noch durch die nervöse Familientradition unterstützt wurde, bis es den Weg fand, alle diese Empfindungen der Minderwertigkeit zu sammeln und zu steigern, um sie dennoch in ein Ziel ehrgeizigster Bestrebungen einmünden zu lassen: der Erprobung durch die weibliche Attitude, mit weiblichen Mitteln überlegen zu werden! Mit 16 Jahren spielte er in einer Schülervorstellung eine weibliche Rolle, wurde von seinen Mitschülern angestaunt und kokettierte schon ganz geläufig mit einem fremden Besucher, den diese liebreizende Gestalt fesselte und der annahm, ein Mädchen vor sich zu haben.

Vorher schon, im zwölften Lebensjahre, war ein Ereignis eingetreten, das seine unbewußte Leitlinie, auf die Frau zu verzichten, bedeutend verstärkte. Seit dem achten Jahre etwa traten masturbatorische Neigungen hervor. Schenkelmasturbation – ohne daß, was bei dieser Form der Masturbation vielleicht immer zu konstatieren sein wird, eine Verführung im Spiele war. Vier Jahre später entdeckte er anläßlich gegenseitiger Berührungen in Gesellschaft eines Schulkameraden in der Badekabine, daß er an einer Phimose leide. Auch dieser Fall zeigt also die von mir zuerst beschriebene gleichzeitige Sexualminderwertigkeit, für die die Phimose das periphere Degenerationszeichen darstellt, bei gegebener anderweitiger Minderwertigkeit[12]. Für den ehrgeizigen Knaben war dieses Leiden

[12] Siehe ADLERS Studie über Minderwertigkeit von Organen, s. oben S. 32, Anm. 5 [demnächst als Fischer Taschenbuch, Bd. 6349; vgl. auch Bd. 6220, S. 42–52.]

wie ein Makel. Und er brachte es zustande, insbesondere da er bereits am Wege war, alle natürlichen Vorbereitungen zur Gewinnung der Frau vollständig fallen zu lassen, weil ihm nun auch noch das Mittel der sexuellen Stärke beeinträchtigt schien. Von dieser Zeit an hörte das Weib auf, für ihn eine Rolle zu spielen, weil er glaubte, einer Entscheidung nicht gewachsen zu sein[13]. Sein Weg führte jetzt näher und näher an die Seite des Mannes, um eines Tages in offene Homosexualität zu münden.

Auch diese Entscheidung hatte er nicht plötzlich getroffen, geschweige daß sie ihn überrascht hätte. Eine ganze Reihe von Vorbereitungen, bei denen sein aktives Eingreifen unentbehrlich war, zeigen uns seine aktive Tendenz zur Perversion, freilich in einer Weise, bei der er sich der Verantwortlichkeit entschlagen konnte: in der Weise des Selbstbetrugs! Aus seinen Vorbereitungen will ich als die bedeutsamsten hervorheben: neurotische, tendenziöse Gruppierung und Wertung der Tatsachen, Entwertung der Frau und »abhärtende Maßnahmen«.

Mit 16 Jahren hatte unser Patient sein erstes homosexuelles Erlebnis. Um diese Zeit war er bereits in alle Geheimnisse der Sexualität eingeweiht und will im allgemeinen Mädchen gegenüber Kälte empfunden haben. Bei näherem Zusehen erweist sich diese Angabe als unrichtig. Es kommen geradezu schwärmerische Zuneigungen zu einigen Mädchen zur Sprache, aber nie hat der Patient die Möglichkeit einer auch nur kameradschaftlichen Annäherung erfassen wollen. Seinem Lebensplan zufolge brauchte er die Distanz zu den Mädchen – folglich machte er sie. Durch Unterstreichung der Schwierigkeiten, durch tendenziöse Hervorhebung »weiblicher« Fehler, durch unrichtige Feststellung, wie sich später erwies, ihrer Gleichgültigkeit ihm gegenüber, durch Selbstvorspiegelung einer besonderen weiblichen Hinterlist brachte er es stets zuwege, sich wieder zurückzuschrecken und jedes aufkeimende Interesse zu ertöten. Gleichzeitig erlernte er auch den Ton, der die Mädchen abschrecken mußte und beherrschte ihn instinktiv. Um so stärker setzte er den Grad der Anziehung an, den

[13] Den gleichen psychischen Mechanismus konnte ich bei Fetischismus, Masturbation und anderen Perversionen nachweisen. Ebenso in Fällen, wo die Wahl auf einen Partner fällt, der tief unter der sozialen Stufe des Patienten steht. Siehe »Praxis und Theorie der Individualpsychologie«, a.a.O. [Fischer Taschenbuch, Bd. 6236] und »Problems of Neurosis«, a.a.O.

Knaben auf Ausflügen oder im Bade auf ihn ausübten. Lange kam er nicht über platonische Schwärmereien, gelegentliche Küsse, Umarmungen hinaus. Zweimal, so erinnerte er sich, erfolgten gegenseitige Berührungen der Genitalien. Auch diese Erlebnisse, die er nach eingehender Überlegung und Vorbereitung diplomatisch inszeniert hatte, sah er als ein Zeichen des Himmels an, und sie festigten den Glauben an seine »angeborene« Homosexualität in ihm. Meist führten ihn seine Erregungen zur Schenkelmasturbation, die der Vater – begreiflicherweise vergebens, da er der Rivale um die Macht war – durch versteckte Andeutungen hintanzuhalten suchte. In der Zeit der Pubertät, als er bereits homosexuell vorbereitet war, verknüpfte er seine sexuellen Erregungen immer mit homosexuellen Phantasien, nicht ohne wieder seine Einflußnahme als bestochener Richter zu übersehen. Insbesondere knüpften seine Phantasien gerne an zarte Knabengestalten an, denen er ohne Mühe überlegen war, oder an besonders starke, riesenhafte Männer, die sich, durch seinen Zauber bezwungen, mit Gewalt in seinen Besitz zu setzen trachteten. Der phantasierte Akt stellte eine Situation dar, in der – in vollem Bewußtsein einer Inkongruenz – seine Verwandlung in ein weibliches Wesen dargestellt war. Oder, und diese Phantasie stellte sich interessanterweise erst später ein – es fand gegenseitige Fellatio statt.

Dieser Entwicklungsstand bedarf einer näheren Betrachtung. Nehmen wir unsere Aufgabe als gelöst an, die Zurückführung der Homosexualität auf ein Gefühl der Unzulänglichkeit als gelungen, den Versuch, durch den Verzicht auf das Weib leichter zum fiktiven Überlegenheitsideal zu gelangen, als feststehend, so könnten uns die gelegentlichen Neigungen zu schönen Mädchen ebenso beirren wie die Anhänger der Anschauung von der angeborenen Homosexualität. Sehen wir aber genauer zu, so ergibt sich, daß der Patient die natürlichen Regungen seiner männlichen Rolle so lange systematisch entwertete, bis sie ihm nicht mehr zum Bewußtsein kamen. Und ebenso geflissentlich unterband er jede Neigung, dem weiblichen Geschlecht näher zu kommen, weil sie seinem neurotischen Lebensplan gefährlich geworden wäre. Die prinzipielle Schwächung seiner Aktivität lag ihm so nahe, daß sie von ihm gefördert wurde, bis er auch dem Manne gegenüber an jeder Initiative gehindert war. Mit drei Männern kam er in der

Folge in homosexuelle Beziehung, aber niemals war er aggressiv vorgegangen; er hatte nie mehr zur Anknüpfung beigetragen als ein schüchtern kokettierendes Benehmen. Wie in der Kindheit, in der wir ihn bereits außerstande sahen, den Vater, die Mutter oder Kameraden anzugreifen oder einen offenen Kampf zu führen, blieb er bis zur Behandlung immer das Objekt der Eroberung. Er hatte eben keine Gelegenheit gefunden, den Angriff zu lernen, und als er ihn zu einer Liebesbeziehung ausgestalten sollte, war neben der mangelnden Bereitschaft zum Siege das Vertrauen in seine Kraft völlig verloren gegangen. Die letzte Möglichkeit sich aufzuraffen schien ihm durch die Phimose, die er als unmännlich wertete, verloren, und gefühlsmäßig machte er nun die Wendung wieder, die ihm aus der Kindheit vertraut war: sich als den Stärkeren zu empfinden und zwar durch Ausschaltung der Frau, durch Eroberung des Mannes auf Schleichwegen und durch Anwendung weiblicher Mittel. Denn so sehr er auch seine Mutter beherrschen mochte – ungetrübt oder seinem überhitzten Ehrgeize zureichend konnte ihm dieser Erfolg nie erscheinen: der Vater hatte stärkere Rechte und größeren Einfluß, und die kindliche Szene, als er wütend auf den Ofen einschlug, zeigt uns auch die Empfindung seiner Niederlage gegenüber dem Vater. Wenn er jetzt überhaupt noch ein Auge für Mädchen hatte, dann nur, um sich in der Entsagung zu üben, um die Distanz zum weiblichen Geschlecht sicher auszubauen, und zu lernen, wie man kaum angeknüpfte Beziehungen rasch wieder fallen läßt. Dieser Kunstgriff der »Abhärtung«, ein Bestandteil der vorbereitenden Sicherungstendenz, ist im Mechanismus der Neurose von größter Bedeutung und belehrt uns eindringlich, wie die einmal erfaßte individuelle Lebenslinie des Nervösen und ihr Ziel einzig ausschlaggebend werden. Sie gruppieren die Erinnerungen, erheben Erlebnisse zu Rang und Würde oder tauchen sie in Vergessenheit, zerbröckeln ihre Bedeutung, steigern Empfindlichkeiten, löschen sie aus, verwenden Schwächen und Fehler zu Finten und Kunstgriffen, peitschen das Triebleben auf oder gestalten es anders, schaffen »libidinöse« Regungen, Perversionen, fetischistische Züge, lassen sie nach spärlicher Andeutung wieder untergehen, und sind jederzeit imstande, aus nichts etwas zu machen oder aus etwas nichts. Es ist eine sichergestellte Tatsache, daß

das Seelenleben des Nervösen, damit also die Neurose, ohne Kenntnis dieses Mechanismus, nicht zu verstehen ist; eigentlich liegt er aber so klar vor Augen, daß er unmöglich mehr übersehen werden kann.
Er findet sich auch in der üppig gedeihenden Masturbation unseres Patienten; und wir können wohl behaupten, daß seine Homosexualität erst durch die arrangierten homosexuellen Vorbereitungen in seiner Phantasie, denen auch seine Masturbation diente, ermöglicht wurde. Und die ganze Attitude seiner später ausgeübten Homosexualität läßt sich als Vorbereitung in seinen masturbatorischen Phantasien, gewiß auch in seinen damaligen Träumen, auffinden und nachweisen. Daraus folgt mit zwingender Notwendigkeit, daß das neurotische Symptom der Homosexualität wie alle anderen Symptome der Neurose erarbeitet und arrangiert ist, daß es nach mannigfachen Erprobungen dem unbewußten Lebensplan des Patienten als tauglich eingefügt wurde.
Für die Bedeutung der Masturbation in der Neurose ersehen wir daraus folgendes: 1. Aus realen Reizzuständen erwachsen, wird sie bald für das neurotische Schema brauchbar gemacht. 2. Begleitende Schuldgefühle haben bloß die Aufgabe, die »große Bedeutung« der Masturbation ins rechte Licht zu setzen, oder sollen vor einem Übermaß sichern; auch gelten sie dem Beweis der »alles überragenden Sexualität« des Patienten. 3. Die begleitenden Phantasien sind als Vorbereitungen anzusehen, die das Ziel des Nervösen, vor dem er noch zurückschreckt, verraten. 4. Der ganze Tatbestand der Masturbation läßt erkennen, daß ein Gefühl der Minderwertigkeit oder die Furcht vor einer Niederlage, beides gipfelnd in einer Furcht vor dem sexuellen Partner, die Entscheidung des ehrgeizigen Patienten hinauszuschieben suchen.
Was den letzten Punkt anlangt, die Furcht vor der Entscheidung, so finden wir bei unserem Patienten das gleiche große Maß von Aggressionshemmung wie sonst in seinem Leben. Seine Zurückhaltung gegenüber dem gleichgeschlechtlichen Partner ist gerade so groß wie seine sonstige Distanz zum Leben – eine Übereinstimmung, die uns erkennen läßt, daß wir die Linie des Patienten richtig erfaßt haben. War denn nicht auch seine früher geschilderte Haltung dem Vater, der Mutter, den Menschen gegenüber durch das gleiche Gefühl der Minderwertigkeit, durch seine Furcht vor der Entscheidung

und durch sein zu hoch gespanntes Ziel der Beherrschung seiner Umgebung unbewußt und deshalb unabänderlich gegeben? Auch seine übrigen Kunstgriffe, das einschmeichelnd-schlangenartige Wesen, der heimliche Trotz, der sich kundtat in passiver Einstellung zu allen Forderungen, die partielle Unfähigkeit, wenn Fragen irgendwelcher Art an ihn herantraten, das Wandeln auf unmännlichen, der allgemeinen Meinung nach »weiblichen« Wegen, besonders aber das wohlvorbereitete Aufgreifen der homosexuellen Richtung mit allen zugehörigen, sukzessive fertiggestellten individuellen Eigenarten legen Zeugnis ab, daß dieser Patient sein reales Denken, Fühlen und Wollen so lange vergewaltigt hatte, bis er die »richtige« Neurosenwahl getroffen hatte. Denn gegenüber allen bisher mißglückten Versuchen, die Neurosenwahl zu verstehen, will ich auf dieses Ergebnis meiner Untersuchungen hindeuten: Der Patient erwirbt schließlich diejenige Neurose, die nach seiner Empfindung seinem fiktiven Ziel und dem dazugehörigen Lebensplan am besten entspricht!

Und als unser Patient mit seinen Vorbereitungen so weit gekommen war, daß er mit einem Schulkollegen in einer Badekabine mutuelle Onanie ausübte, da mußte er ein weiteres Arrangement vollziehen, um diesen Stand seiner homosexuellen Entwicklung befestigen zu können: Da verlieh er der Homosexualität den zaubervollsten Reiz, pries sie als die höchste Form der Liebe und entwertete die Norm noch um ein Stück, indem er sie als niedrig, tierisch, gemein zu empfinden suchte. Was ihm auch kraft seines Lebensplanes gelang. »Schön ist häßlich, häßlich schön!« singen Macbeths Hexen. Ich habe diese Zauberstückchen, Fälschungen, Ent- und Überwertungen im neurotischen Seelenleben als Vorbereitungen und Arrangements zum Zweck der Erhöhung des eigenen Persönlichkeitsgefühls in meinem Buche »Über den nervösen Charakter« (l. c.) ausführlich geschildert. Der Homosexuelle, wie jeder Pervertierte, der, nach Ausschaltung der gemeinschaftsfördernden Form, dem schäbigen Rest begeistert huldigt, ist durch diesen Trick den Komplikationen des normalen Liebeslebens entronnen, hat sich davor in intelligenter[14] Weise gesichert, zeigt aber darin weder common

[14] Siehe ADLER, Kurze Bemerkungen über Vernunft, Intelligenz und Schwachsinn, in: Internationale Zeitschrift für Individualpsychologie, Bd. 6 (1928), S. 267–272.

sense, noch Mut, noch Gemeinschaftsgefühl.

Aus der Fülle der vorbereitenden, »abhärtenden« Maßnahmen unseres Patienten, die dazu dienen sollten, ihn für eine andere Abart des homosexuellen Aktes geeignet zu machen, nämlich für die gegenseitige Fellatio, die letzte Spur von Abneigung und Widerstand zu tilgen, und der Homosexualität durch diese Perversion sozusagen die höhere Weihe zu geben, mußte es zu folgender Begebenheit kommen, die dem Patienten selbst stets rätselhaft gewesen ist. Er erwachte eines Morgens mit einer dunklen Erinnerung, als ob er aus einem Trinkglase Urin getrunken hätte. Reste des Urins fanden sich noch im Glase vor. Dies begab sich zu einer Zeit, wo er den Bemühungen eines Freundes, ihn zur Fellatio zu verleiten, noch Widerstand leistete. Bald nachher zeigte er sich gefügig.

Zwischen diese zwei homosexuellen Erlebnisse schieben sich zwei andere ein, von denen ich das eine als Beweis seiner dauernd passiven Rolle anführen will. Eines Tages stieß unser Patient in einer offenen Bedürfnisanstalt auf einen Mann, der ihm zuerst wegen seines abgetragenen Mantels auffiel. Die äußere Peinlichkeit und gewählte Kleidung vieler Homosexuellen, die sich auch bei unserem Patienten zeigte, weist uns abermals auf das zugrunde liegende Gefühl der Schwäche, das sich durch Äußerlichkeiten zu kompensieren sucht, gleichsam durch Bestechung wirken will. Die Augen beider begegneten sich – und verstanden sich. Dieser Umstand des gegenseitigen Erkennens unter Homosexuellen hat für den Unkundigen etwas Rätselhaftes. Es dürfte selten vorkommen, daß sich der Homosexuelle in seinem Urteil über den gleichgerichteten Perversen irrt. Auf meine Fragen über diese Tatsache bekam ich immer nur allgemeine Antworten. »Der Blick bleibt hängen!« – so drücken sich die Kranken meistens aus, bezeichnen aber damit mehr die Tatsache des Erkennens als dessen Ursache. Und doch ist angesichts der zahllosen Vorbereitungen des Homosexuellen dieses sichere Urteil nicht schwer zu verstehen. Dieser Akt des Erkennens geht offenbar unbewußt, aber unter fortwährendem Abtasten und Prüfen der Blicke, als ein Frage- und Antwortspiel vor sich. Das Auge übernimmt dabei die Aufgabe, das Einverständnis und die Bereitschaft auszudrücken. Und die große Erfahrung des Homosexuellen in seiner Sphäre kommt dabei zu ihrem Rechte. Trotzdem unser Patient also seiner Sache sicher war, entzog er sich der

Nachstellung des ihn verfolgenden Homosexuellen, verwarf den Plan, sich näher einzulassen, als tollkühn und entfernte sich unter Gedanken der Mahnung zu erhöhter Vorsicht. Auch in der Folge war er bei seinen, selbstverständlich seltenen Verhältnissen niemals der werbende Teil und kam nur unter der größten Vorsicht näher. – Kurz nachher fiel er einem Erpresser zum Opfer, der ihn mit Unrecht beschuldigte, er habe ihm unerlaubte Anträge gestellt. Daß ihn dieses Erlebnis in seiner Passivität ungemein bestärkte, können wir nach seiner Vorgeschichte gut verstehen.

Kaum hatte er die Hochschule bezogen, als sein Vater starb. Patient war nun gezwungen, eine Stellung anzunehmen. Es wird uns nicht wundern, zu hören, daß er, der jeder Aggression und jeder Unsicherheit ausweichen wollte, sich für die Beamtenlaufbahn entschied.

Aber auch diese Betätigung kam mit seiner Neigung zur Passivität und – mit seinem Ehrgeiz in Widerspruch. Immer schwebte ihm das Bild des Vaters vor, der mehr als er im Leben erreicht hatte. So kam er unmerklich zu dem Entschlusse, die juristische Laufbahn zu ergreifen. Seine gewohnheitsmäßige Haltung erforderte aber, daß er für seine ganze Zukunft unverantwortlich bleibe! Folglich entschied er nicht gegen seinen Beruf, sondern es trat als Ergebnis zutage, daß ihn sein derzeitiger Beruf ermüdete, seine Gedanken schweiften ab, und endlich stellten sich Zwangsgedanken ein, die ihn an der Arbeit hinderten[15], gleichzeitig aber in ihrem Inhalt seine latenten, aber wirksamen Größenideen verrieten. Er bildete in seiner Phantasie die Idee einer »höheren Macht« aus, mit der er Zwiesprache pflegte und die er durch allerlei kleine Handlungen, durch Aufspringen aus dem Bette, durch Verzicht auf das Rauchen usw. in seinen Dienst stellen konnte, das heißt: Er erzeugte in sich die Fiktion, noch stärker zu sein als die von ihm anerkannte höchste Macht, und dies auf dem Wege eines heimlichen Zauberkunststückchens. Die Triumphe und Errungenschaften, deren er sich dabei erfreute, kamen freilich nur durch eine sonderbare Überwertung zustande. Meist ging dieses Spiel nach folgendem Typus vor sich: Sollte er eine Rechnung abschließen, so fiel ihm ein, seine Mutter werde sterben, wenn er nicht bis zu einer gewissen

15 Dies der bedeutsame Zweck jeder Zwangsneurose.

Zeit fertig würde. Dann rief er die »höhere Macht« an, opferte ihr die halb angerauchte Zigarette und konnte friedlich weiterarbeiten. Auf diese Weise war das Fortleben seiner Mutter sein eigenes Werk! Daß bei dieser Zwangsneurose sehr viel Zeit vertrödelt wurde, liegt auf der Hand. Aber war denn die »Zeit« nicht die größte Gefahr für diesen Jüngling, der sich infolge seiner Lebensfeigheit zur Passivität verpflichtet fühlte? Und ist dies nicht die gleiche Linie, die ihn auch zur Homosexualität geführt hatte, nur damit er sich nicht der Frau gegenüber bewähren müßte? Psychologisch genommen ist demnach seine Homosexualität seiner Zwangsneurose gleichwertig gewesen, beide waren Kunstgriffe, Zauberkunststückchen eines Menschen, der nach Triumphen lechzte, sich deren Erringung aber auf den Wegen der normalen Aggression nicht zutraute! Selbstverständlich scheiterte auch sein begonnenes Studium an seiner Zwangsneurose, er aber behielt die Fiktion einer gottähnlichen Überlegenheit über alle, die nur durch eine fatale »angeborene« oder krankhafte Kleinigkeit nicht zum Ausdruck, nicht zur Geltung kommen konnte. Vor unseren Augen aber taucht der Symptomenkomplex der Paranoia auf, an den die Homosexualität in manchen Punkten angrenzt. Wir erblikken deutlich den treibenden Faktor in der Tendenz, wegen der eigenen Unsicherheit den Erwartungen und Forderungen der Gesellschaft auszuweichen und durch die Krankheitslegitimation oder durch die Betonung der »angeborenen« Andersartigkeit sich der Verantwortung zu entschlagen[16], falls das Maß der selbst erforderten Überlegenheit nicht erreicht würde.

Der Zeitpunkt des Auftretens seiner Zwangsneurose gibt uns eine neue Bestätigung für die Richtigkeit unserer Auffassung. Unser Patient war ein Jahr vorher in ein homosexuelles Verhältnis zu einem Kollegen getreten, der ihn nach einiger Zeit mit einem Mädchen betrog. Diesen Umstand empfand er so sehr als Erniedrigung, daß er die Beziehung vollkommen löste. Bald nachher fand sein Ehrgeiz jene Kompensation in der Fiktion der »höheren Macht«, die ihm untertan war. Aber sein Freund setzte ihm stürmisch zu. In diesem Stadium der Ratlosigkeit kam er in meine Behandlung, unerschüttert in

16 Siehe ADLER, Das Problem der »Distanz« und »Lebenslüge und Verantwortlichkeit in der Neurose und Psychose«, in: »Praxis und Theorie der Individualpsychologie« [Fischer Taschenbuch Bd. 6236, S. 112–119 und 255–264].

seinem Glauben, daß seine Homosexualität unabänderlich sei. Es war leicht zu ersehen, daß sein Besuch bei mir nicht einer Tendenz zur Abkehr von der Homosexualität entsprang, sondern als ein Versuch aufzufassen war, eine etwaige Erfolglosigkeit meiner Behandlung als Rechtfertigung für die Wiederaufnahme seines Verhältnisses zu verwerten. Man kann verstehen, welche neuen und vermehrten Schwierigkeiten aus dieser nicht ungewöhnlichen Konstellation der Behandlung erwachsen.

Aber nicht nur die Neigung, seinem Freund zu verzeihen, lag bald zutage, sondern wir stießen auch auf einen Umstand, der sich im höchsten Grade geeignet erwies, ihn versöhnlich zu stimmen. In seinem Hause lebte nämlich seit einiger Zeit eine entfernte Verwandte, die seiner Homosexualität gefährlich zu werden drohte. Schon die Tatsache, daß sie eine Verwandte war und ihm als solche näher stand, auch durchaus keinen gefahrdrohenden Charakter zeigte, daß sie vielmehr durch ihre sympathischen Eigenschaften bald ein gutes Verhältnis herstellte, zwang ihn, stärker von ihr abzurücken. Um auch diese Beziehung seinem Lebensplan gemäß zu gestalten, das heißt sie zum Scheitern zu bringen, griff er wieder zu dem ihm wohlvertrauten Mittel der »abhärtenden Maßnahmen«. Er setzte sich oftmals »Prüfungen« aus, ob er dem Charme des Mädchens widerstehen könne. Und es gelang ihm immer wieder, sich dessen zu versichern. Uns gelten diese Beweise gar nichts; er war ja ein bestochener Richter. Und wir finden einen schlagkräftigen Beweis in folgender merkwürdigen Erscheinung: Tauchte nämlich ein fremder Bewerber für das Mädchen auf, dann überkam unsern Patienten jedesmal ein Gefühl, das er als der Eifersucht ähnlich schilderte. Und er ruhte nicht, bis er durch scharfe Kritik oder durch allerlei kleine Intrigen den Bewerber kaltgestellt hatte. Blieb aber das Mädchen längere Zeit ohne Bewerber, so tauchten regelmäßig Gedanken in ihm auf, wie man sie am schnellsten verheiraten könnte. Dann machte er sich oft auch zum postillon d'amour, um bei Fortschritt der Beziehungen diese schließlich wieder zu zerstören. Wir sehen sein altes Spiel, das er immer anstellte, auch in seinem Berufe, um nicht vom Fleck zu rücken. Denn jedes Vorwärtsschreiten hätte ihn einer Entscheidung näher gebracht; es war aber die Aufgabe seines Lebens geworden, sich jeder Prüfung zu entziehen, weil er den Glauben an sich verloren hatte.

Als seine Verwandte wieder einmal durch längere Zeit ohne Bewerber blieb und sich näher an ihn anschloß, ging er zur Sicherung einen großen Schritt weiter und gestand ihr, daß er homosexuell sei. Diese Eröffnung machte auf das Mädchen nicht den gewünschten Eindruck. Ja, sie versuchte, ihm noch näher zu rücken, um ihn – einer häufig anzutreffenden Mädchenphantasie gemäß – zu retten. Jetzt erst begann er die Untreue seines Freundes schärfer zu empfinden und versuchte wieder gewohnheitsmäßig auf ihn durch Kokettieren zu wirken.

Nun konnte ich meine Behauptung über das Wesen der Homosexualität längere Zeit in flagranti überprüfen. Es stellte sich heraus, daß der Patient jedesmal seinem Freunde mit homosexuellen Gefühlen näher rückte, sobald er eine Neigung für das Mädchen in seiner Nähe verspürte. Seine Mittel, den Freund wieder zu gewinnen, waren die gleichen wie zuvor, alle aus den bekannten Schablonen weiblicher Koketterie gefertigt. Und auch die Bedeutung unserer individualpsychologischen Behandlung für die Heilung kam vollkommen zutage: Patient wurde sich, sobald er die Distanz zum Freunde verkürzte, nicht bloß der Ursache habhaft, Furcht vor der Frau, seines mangelnden Vertrauens in seine männliche Rolle, sondern er erblickte auch mit voller Deutlichkeit im Freunde, was den Antrieb zu seiner eigenen Homosexualität bildete: das Gelüste nach einem mit sexuellen Mitteln erstrebten Triumph in der Richtung des geringer scheinenden Widerstandes, in der Richtung auf den Mann. Dieses Gegengift genügte zurzeit, um den Patienten in unfruchtbarer Koketterie verharren zu lassen. Eine homosexuelle Handlung kam nicht mehr zustande.

In diese Zeit und auch nachher fielen einige Proben, die der Patient anstellte, wie wir sie auch bei anderen Neurotikern immer vorfinden. Sie sollen angeblich dem Zwecke dienen, sich und andere, in der Regel auch den Arzt, vom »guten Willen« des Patienten zu überzeugen. Ihr schlechtes Ende ist von vornherein zu erwarten. Sie sind nichts anderes als ein letzter Versuch, da im Patienten bereits die Überzeugung von seiner Gesundung gewachsen ist, noch einmal die Unheilbarkeit seines Leidens zu demonstrieren. Geht man näher auf diese Proben ein, so findet man sie auf den ersten Blick derart angelegt, daß auch ein Gesunder mit ihnen scheitern möchte. In unserem Falle demonstrierte der Patient bei einer häßlichen, sich roh gebärdenden Prostituierten. Bei dieser Gelegenheit gelang ihm die Umwandlung seiner Neurose in die einer sexuellen Impotenz, hernach in die des Masochismus. Beide Formen besagten für unseren Fall das gleiche »Nein«! — die gleiche Furcht vor der Frau, die Impotenz als Ausdruck für das Arrangement der Distanz, der Masochismus als Szene gewordenes Memento. Er verstand meinen Hinweis auf das Tendenziöse seiner »Proben« leicht, weil er selbst hinter dem Ofen gesessen hatte. Er begriff sofort, daß er nicht Richter, Kläger und Angeklagter in einer Person sein könne, und daß seine »Beweise« Schaumschlägereien wären.

Die gleiche Linie, ein recht bescheidenes »Vorwärts!« ließ sich, wie natürlich, in seinem Studienfortgang verfolgen. Seine Zwangsgedanken, die zeitvertrödelnde, tendenziös hemmende Beschäftigung mit dem »höheren Wesen«, die bisher als Bremse gewirkt hatte, verschwanden unter dem Drucke der Kur. Sie waren als Mittel der Distanz zum gesellschaftlichen Leben untauglich geworden, da sie seine Verantwortlichkeit nicht mehr ausschlossen. Er begann die Vorlesungen zu besuchen und bereitete sich auf die Prüfung vor. Da bemerkte er bei dieser Probe, daß ihn in der Vorlesung eine ungeheure »unwiderstehliche« Schläfrigkeit überfalle, die jeden weiteren Fortschritt hinderte. Sie verminderte sich stark, als wir feststellten, daß diese Schläfrigkeit durch eine wohlarrangierte Schlaflosigkeit des Nachts gut vorbereitet wurde[17]. Immerhin blieb sein Fortschritt, genau wie im Liebesproblem, erheblich eingeschränkt, seine Attitude zögernd.

Nach diesen Aufklärungen verlor ich den Patienten für längere Zeit aus dem Auge. Ich sah ihn erst wieder zu Beginn des Krieges, im Sommer des Jahres 1914. Mein erstes Interesse galt damals seiner Beziehung zum Kriege. Ich wagte folgende Konstruktion: sein Ehrgeiz mußte ihn vorwärtstreiben, sein mangelndes Zutrauen zu männlichen Leistungen mußte wie eine Bremse wirken. Meine Behandlung und sein seitheriges Verhalten dürften seine Feigheit vermindert haben. Auch er begann sogleich vom Krieg zu sprechen. Er habe sich sofort als Freiwilliger gemeldet. Je mehr sich aber der Termin der Ein-

[17] Adler, »Nervöse Schlaflosigkeit«, in: Praxis und Theorie der Individualpsychologie [Fischer Taschenbuch Bd. 6236, S. 170–176].

rückung nähere, um so heftiger würde seine Angst und das Verlangen, freizukommen. Aus dieser Haltung konnte ich leicht die gegenwärtige Phase seiner sexuellen Entwicklung erraten. Es bestätigte sich, daß er der Frau näher gekommen war, daß aber meist sexuelle Impotenz, zuweilen auch mangelnde Befriedigung als Zeichen einer noch bestehenden Unfähigkeit sich hinzugeben, den Abschluß bildete. Beachtenswert ist an seinem Kriegserlebnis, daß es in kurzen Strichen die von mir hervorgehobene Linie des Manisch-Depressiven zeigt[18], ein impulsives »Vorwärts!«, das von einem »Zurück!« abgelöst wird. In beiden Phasen steht ziemlich unverblümt das »Nein!«.

VIERTER FALL

Fachärztliches Gutachten, gemeinsam erstattet mit dem Chef der Nervenabteilung des seinerzeitigen (1917) k.u.k. Garnisonsspitals XV, Herrn Stabsarzt Dr. SIGMUND SCHARF[19], (Kommandant: Herr Oberstabsarzt Dr. L. DABROWSKI)

> über Herrn I., 59 Jahre alt, Landwirt, der behufs Untersuchung seines Geisteszustandes der VI. Abt. des Garnisonsspitals überwiesen wurde.

Patient gibt betreffs seiner Vorgeschichte an: Seine Eltern seien früh gestorben. Er sei im Hause seines Schwagers aufgewachsen und sei später zwecks Unterrichts in ein Pensionat gegeben worden. Von zehn Geschwistern wären sieben gestorben. Er selbst sei schwächlich gewesen und habe schlechter gelernt als der ältere Bruder. Er habe nie an Krankheiten gelitten. Erst seit etwa 20 Jahren leide er öfters an Kopfschmerzen und an schlechtem Schlaf. Das Gymnasium habe er ohne Matura beendet, den Militärdienst, dem er sich gewidmet, habe er nach einem Jahr verlassen. Mit 32 Jahren habe er ohne Liebe geheiratet, nach fünfjähriger Ehe habe seine Frau eine Tochter geboren, die sich geistig angeblich schlecht entwickelte. Seine Ehe sei schlecht verlaufen, da die Frau seinen

[18] Einen ähnlichen Zusammenhang von Perversion mit Zyklothymie hat MARCUSE bei einem Falle von Homosexualität gefunden.
[19] Dem ich für den Hinweis, daß Fälle wie dieser einheitliche Züge der Debilität aufweisen, meinen Dank abstatte.

herrschsüchtigen Forderungen (zuweilen habe er sie geschlagen) Widerstand leistete. Vor 15 und vor 10 Jahren habe er bei Prostituierten Gonorrhoë erworben, die jedesmal innerhalb der normalen Zeit in ärztlicher Behandlung heilte. Potus wird in mäßigem Grade zugegeben. Lues geleugnet.
Seine sexuelle Entwicklung sei dadurch abnorm geworden, daß Patient mit 13 Jahren von einem Diener des Pensionats zur gegenseitigen Masturbation verleitet wurde. Diese Art der Geschlechtsbetätigung setzte Patient auch bis in die jüngste Zeit fort, während der normale Sexualakt nur gelegentlich und auch in seiner Ehe nur durch kurze Zeit und selten ausgeübt wurde. Auch als Jüngling habe er zeitweilig mit Mädchen verkehrt, immer nur mit armen Bauernmädchen oder mit Prostituierten. Ein Liebesverhältnis habe er nie gehabt. Die Neigung zur Ehe sei immer gering gewesen, schließlich habe er auf Drängen seiner Verwandten hin geheiratet.
In seinen homosexuellen Beziehungen soll Patient immer der angreifende Teil gewesen sein. Seine Opfer waren immer dienende Personen. Er habe immer die Überraschung und die Unterwürfigkeit der von ihm erwählten Partner ausgenützt.
Eines seiner letzten Opfer habe nach einer mißlungenen Erpressung die Anzeige erstattet. Patient war verurteilt worden, kam aber nachträglich zur Feststellung seines Geisteszustandes auf unsere Abteilung.

Die körperliche Beschaffenheit des Untersuchten ergab völlig normale Befunde. Sein Habitus ist schlank, geschmeidig und weist keinerlei weibliche Züge auf. Auf die Frage, was ihn am meisten in seinem Fall schmerzte, gibt er an: die öffentliche Schande über seine Verfehlung und die Verurteilung.
Sein soziales Verhalten geht aus folgendem hervor:
Zu den dienstbaren Personen, die er zu seinen Opfern wählte, betrug er sich nie wie ein Liebhaber. Er forderte vielmehr ihre sexuelle Unterwerfung, wie er auch sonst strengen Gehorsam verlangte. Aus dem Gerichtsakt geht hervor, daß er in deutlich tyrannischer Weise gegen Diener und Angestellte vorging und daß er ohne Zögern zu Strafen, eigenmächtiger Freiheitsberaubung, zu sofortiger Entlassung und zu gerichtlichen Klagen griff.

Der Eindruck seines Verhaltens im Leben ist demnach der eines Despoten sowohl der Dienerschaft als seiner Frau gegenüber. Es ist dies die gleiche despotische Linie wie im Verlaufe seiner homosexuellen Angriffe.

Diese Einheitlichkeit seiner Lebenshaltung wird aber wesentlich durchbrochen, sobald Berufsfragen oder die Liebesbeziehung zu Frauen aus dem Leben des Patienten in den Kreis unserer Betrachtung rücken. Ganz allgemein kann man dann von einem Versagen des Untersuchten sprechen. Fällt schon bei seinen homosexuellen Beziehungen auf, daß nur bedienstete Personen, niemals annähernd Gleichgestellte auftreten, so gewinnt unsere Auffassung, daß sein Despotencharakter nach völliger Unterwerfung der anderen verlangte, wesentlich an Kraft, sobald wir feststellen, daß er auch bei Annäherung an das andere Geschlecht anscheinend nie an andere Mädchen als an untergebene und an Prostituierte gedacht habe. Wir können von diesem Standpunkt aus verstehen, daß in ihm das Wesen des Weibes die Empfindung des Fremden, Unzugänglichen, Unnahbaren auslöste, und daß er nur näher treten konnte, wenn ihn sein Privilegium des unzweifelhaft Überlegenen ermutigte. Die Niederlage gegenüber seiner Frau sowie die nachherige zweimalige Infektion mit Gonorrhoë mußten ihm bei seiner Verfassung den instinktiven Ansporn gegeben haben, in den letzten zehn Jahren völlig mit heterosexuellen Versuchen zu brechen und sich ganz auf solche homosexuelle Beziehungen zu beschränken, bei denen er sich in seinem Herrschergefühl sicher glaubte.
Unser Versuch einer Aufklärung betreffs der festgewurzelten sexuellen Unart des Verurteilten erfährt an diesem Punkte eine außerdordentlich merkwürdige Bestätigung durch die von Zeugen sowohl als durch den Untersuchten vielfach hervorgehobene Tatsache, daß er auch – abgesehen von seinem Liebesleben – kein Mann der Ausdauer war und leicht bei auftauchenden Schwierigkeiten die Flinte ins Korn warf. Seine landwirtschaftlichen Unternehmungen werden allgemein als sinn- und planlos geschildert und sind über bescheidene Anfänge nie hinausgekommen. In der Tat finden wir insofern ein konstantes Verhalten im Leben des Untersuchten, als er eine außerordentliche Neigung zeigt, angefangene Unternehmungen bald wieder abzubrechen. Er verläßt

das Gymnasium ohne Matura, geht vom Militär nach einjähriger Dienstzeit ab, löst seine Ehe auf und bricht seine landwirtschaftlichen Unternehmungen immer wieder ab. Auch seine homosexuellen Liebesbeziehungen entbehren der Ausdauer und zeigen uns das Bild eines perversen Don Juan.
Halten wir in der obigen Schilderung das Charakterbild eines wankelmütigen, leicht entmutigten, vor Schwierigkeiten zurückschreckenden Menschen fest, der mit Vorliebe nur dort überhitzte Energie und – wie wir sahen – despotische Kraft entwickelte, wo ihm kein Widerspruch und keine Niederlage drohte, so ergänzt sich dieses Bild in gerader Richtung durch die ihm aus seiner Vorgeschichte und aus seiner inneren sexuellen Not erwachsene homosexuelle Richtung auf dienende Personen. Auch im Liebesleben bricht er in seinen Bemühungen um das Weib rasch ab, wird dadurch vom Wege der Norm abgesprengt, verläßt sogar die ihm niedrig scheinenden weiblichen Dienstboten und Prostituierten als verhängnisvoll und trennt sich von seiner Frau, die er vergeblich zu erniedrigen gesucht hatte. Selbst von diesen erleichterten Sexualzielen drängen ihn Empfindungen unüberwindlich scheinender Schwierigkeiten immer wieder ab zu den billigen sexuellen Triumphen über männliche Bedienstete, bei denen er Befriedigung und unerschütterliche Geltung sucht, gleichzeitig für seinen Sexualtrieb und für seine Herrschsucht.
Um aber für alle Zeit die Beunruhigung durch seine homosexuelle Betätigung zu bannen, und um sie zu sichern, um für dieselbe vor sich und vor andern unverantwortlich zu erscheinen, wenn in ihm und gegen ihn das Gewissen der Gemeinschaft erwacht, stattet er seine Perversion mit dem Nimbus der Unveränderlichkeit und eines rätselhaften Schicksales aus und verknüpft und vergiftet seine sexuellen Impulse mit seinen hervorstechendsten Charakterzügen: mit seiner Herrschsucht und seiner Feigheit. Aus einem der Kindheit entstammenden Gefühl der Minderwertigkeit biegt er von der Linie männlicher Aggression ab. Aus seiner Furcht vor der Frau macht er im Gefühl seiner Herrschsucht eine Revolte. Um im Leben siegreich zu scheinen, wird er Despot und Homosexueller.

Diese seelische Entwicklung, die sich ähnlich im Seelenleben aller Homosexueller nachweisen läßt, spielt sich nicht in der

Sphäre des kritischen Denkens und der Überlegung ab, sondern im Gebiet des triebhaften Wollens. Sie bekommt dadurch zwanghaften, weil unkontrollierten Charakter und kann vom Perversen nicht mehr durch logische Einwände korrigiert oder aufgehalten werden. Es entwickelt sich vielmehr eine homosexuelle Perspektive und die Argumentation vollzieht sich vielmehr in einer der homosexuellen Richtung günstigen Weise, weil die Perversion sich als ein erwünschter Ausgang und als Sicherung vor den »Schwierigkeiten« und Beeinträchtigungen des normalen Liebeslebens ergibt. Dazu kommt noch, daß derart schwierige psychologische Überlegungen fast niemals dem neurotisch Erkrankten – und ein solcher ist der Perverse auch in seiner übrigen Eigenart – selbständig gelingen. Es kommt ihnen vielmehr der allgemein verbreitete, oft wissenschaftlich eingekleidete Aberglaube von den angeborenen perversen Neigungen und von deren Unabänderlichkeit zu Hilfe. Die Umwandlung eines Perversen in einen normal fühlenden Menschen wäre nur in einer länger dauernden psychotherapeutischen Kur zu erreichen, die ihn in den Besitz der zur Heilung tauglichen Mittel setzt, sonst auf keinerlei Weise.

Wir kommen zu dem Schlusse, daß der Untersuchte an einer seit seiner Pubertät deutlich entwickelten Homosexualität leidet, die sich zwangsweise aus seinem »im Strom der Welt« ausgebildeten, abgeirrten Charakter vertieft und fixiert hat. Seine homosexuelle Linie trägt wie sein ganzes Wesen die deutlichen Züge der Angst vor Schwierigkeiten und despotischer Herrsucht in dem ihm verfallenen Wirkungskreis. Sie ist wie ein Wahn unkorrigierbar, weil dem Patienten die seelischen Mittel zu seiner Heilung unzugänglich sind, und charakterisiert sich vom ärztlichen Standpunkt als eine die Verantwortlichkeit aufhebende Zwangsneurose.

FÜNFTER FALL[20]

Betrifft ein Mädchen, 30 Jahre alt, aus kleinbürgerlichem, stark religiösem Milieu.

Die Distanz zum Eheproblem fällt in die Augen und muß

[20] Nach einem Vortrag, gehalten im Internationalen Verein für Individualpsychologie, Sektion Wien, 1926.

irgendwie zum Lebensstil der Patientin hinüberleiten.
Sie hat eine Anzahl Geschwister, darunter eine etwas ältere Schwester, die durch Charme und Geist alle anderen in den Schatten stellte.
Diese gleich zu Beginn der Behandlung geoffenbarte Erinnerung und Feststellung enthüllt eine wichtige Ursache eines Minderwertigkeitsgefühls, das offenbar ihrer Distanz zur Ehe zugrunde liegt. Trotz aller Wünsche scheint sie der Ehe auszuweichen, weil sie die altgewohnte Zurücksetzung gegenüber einem andern Mädchen (urprünglich der Schwester) fürchtet. Eine alltäglich zu beobachtende Verstärkung dieses Minderwertigkeitsgefühls dürfen wir ohne weiteres darin vermuten, daß sie vielleicht zwei Jahre lang die Jüngste war, infolgedessen einer natürlichen Verzärtelung anheimgegeben war, aus der sie später herausgerissen wurde. Dieser Umsturz trifft die meisten Kinder mit mehr oder weniger verletzender Schärfe. An dieser neuen, unwillkommenen Situation, an der Geburtsstätte der Persönlichkeit gelegen, verschärft sich das Minderwertigkeitsgefühl unglaublich vieler Kinder und drängt ihren Lebensstil stark auf die nützliche Seite, zumeist freilich auf die unnützliche, der Schwererziehbarkeit oder der Neurose. Sehr deutlich findet man diese Wendung, aus der Natur der Sache erklärlich, bei Erstgeborenen ausgesprochen. Unsere Patientin stand dem Sonnenkind näher als die anderen Geschwister und wurde deshalb durch deren Übergewicht besonders hart mitgenommen.
Schon frühzeitig zeigte sich bei ihr ein den Fragen ihres Lebens ausweichender Zug. Schüchternheit, Verschlossenheit, Isolierungstendenz, Entwertung der andern, gepaart mit ursprünglichem Respekt, decken ihr Minderwertigkeitsgefühl auf. Da sie, aus Angst vor einer Niederlage, nichts fertig brachte, galt sie bald als unfähig und ungeschickt. Vertraute Freundinnen hatte sie keine, Gesellschaft mied sie so gut sie konnte. Schon vor der Pubertät litt sie an moralischen und religiösen Zwangsgedanken. Sie warf sich fortwährend Sünden und Fehler vor, die sie durch Schwüre und Gebote abzubüßen und zu ändern trachtete. Ihre Schwüre schienen ihr aufgezwungen durch die Furcht, daß irgend jemand aus ihrer Umgebung andernfalls in die Hölle kommen könnte.
Entledigt man diese Zwangsgedanken und Zwangshandlungen ihres Inhalts, wie es uns die individualpsychologische

Methode vorschreibt, so bleibt uns eine rein formale Bewegung übrig, die deutlich genug von unten nach oben führt, ohne gerade von allgemeinem Nutzen zu sein, ohne an der Stellung Mensch-Mitmensch auch nur das Geringste zu ändern. Auf dem Wege des sichtlich geringsten Widerstandes, unabhängig von jeglicher Konkurrenz, vor allem der der begünstigten Schwester, scheint es der Patientin gelungen zu sein, sich die Aufgabe einer völlig fehlerlosen, sündenfreien Person zuzuweisen, freilich erst für die Zukunft, indem sie scharf hinter den kleinsten, oft lächerlichsten Verfehlungen her ist, im Gefühle des Gerechteren, der, anders wie die andern, an seiner Reinigung arbeitet. Die erhabene Stellung, die sich die Patientin hiermit zuweist, ist ihr nicht bekannt, aber sie nimmt sie ein. Daß sie jetzt ihrer Schwester überlegen ist, kommt ihr nicht in den Sinn, aber sie ist auf dem Wege der Kompensation ihres Minderwertigkeitsgefühls. Aus der unerträglichen Situation, der Schwester unterlegen zu sein, hat sie ein Streben nach oben entwickelt, das ihr bis auf weiteres als tröstender Ersatz für das Gefühl ihrer Wertlosigkeit dienen kann und für die Zukunft den Sieg verspricht. Für diesen Ersatz zahlt sie alle Kosten, und dies um so lieber, als sie für ihre eigene Person, langsam aber auch für die andern, eine Krankheitslegitimation gewinnt, derzufolge sie von nützlichen Leistungen leichter enthoben wird oder wenigstens für sie mildernde Bedingungen beanspruchen kann. Aber sie kann nicht genug trauern und klagen und leiden, denn je mehr sie leidet, um so deutlicher tritt ihr Anpruch auf Heiligkeit hervor.
Und noch wie zur Bestätigung zeigt der zweite Teil ihrer Zwangsgedanken den gleichen formalen Zug nach oben: sie hat es in der Hand, ob jemand in die Hölle kommen soll oder nicht[21]. Ein kleiner Schwur aus ihrem Munde, und er ist erlöst. Hier ist die von der Individualpsychologie behauptete Gottähnlichkeit mit Händen zu greifen. Auch die Unruhe und Angst, die sie befiel, wenn sie sich nicht ihrer Allmacht bediente, erscheint jetzt in klarem Lichte. Sie sind Mittel, ebenso wie das Gefühl des Zwanges, den Schwur aussprechen zu müssen, um an der Macht zu bleiben, um den vom Minderwertigkeitsgefühl erlösenden Lebensstil einheitlich aufrechterhalten zu können. Die schöpferische Kraft dieses für nützliche Lösungen allzu feigen Mädchens reicht nur bis zu diesem fiktiven,

[21] Vgl. mit Fall 3.

einer Lebenslüge gleichkommenden Arrangement.
Als sie 24 Jahre alt war, traf sie ein neuer Schlag. Ein ebenso schwachmütiger Jüngling bewarb sich um ihre Hand. Auf den ersten Einspruch seiner Schwester unterließ er jede weitere Werbung, bevor die beiden noch warm geworden waren.
Wieder war sie um eine Niederlage reicher geworden, auf einer Hauptlinie ihres Lebens, wo sie vielleicht zu einem Gefühl der Parität gegenüber ihrer Schwester hätte kommen können. Die Entmutigung war weiter vorgeschritten, und wir könnten in ähnlichen Fällen »mit prophetischem Blick« voraussagen, daß nunmehr ein weiteres Abrücken von der großen Lebensfrage, der Frage der Liebe, erfolgen werde. In der Tat hatte sie bis zu unserer Kur jedes Interesse für Männer verloren.
Aber schon die Annäherung an den oben erwähnten Jüngling hätte die schwache Basis des Mädchens aufdecken können. Sie bezeichnete ihn selbst als Hampelmann. Es ist geradezu das tragische Schicksal solcher entmutigter Menschenkinder, daß sie leicht wieder auf entmutigte Partner stoßen und so ihre eigenen Schwierigkeiten vermehren, wie sich ja überhaupt in der Sphäre der Entmutigung die Schwierigkeiten häufen. Die Brüchigkeit solcher Beziehungen zeigt sich in unserem Falle ganz kraß.
An dieser Stelle höre ich wieder unsere verehrten Kritiker fragen: aber wo bleibt denn da der »männliche Protest«? Wo das Gefühl der weiblichen Minderwertigkeit? Es gibt ja noch immer einige Autoren, die, um nur rasch mit der Individualpsychologie fertig zu werden, im männlichen Protest das Um und Auf unserer Anschauungen suchen, ohne zu verstehen, daß dieser nur eine wichtige Konkretisierung des formalen Strebens nach Überlegenheit vorstellt, nicht viel anders als wenn ein Knabe dieses Streben in der Berufswahl eines Kutschers, Schaffners oder Generals zu realisieren versucht. Nun, mag sein, daß das Verständnis dieser Zusammenhänge nicht ganz einfach ist. Vielleicht führt uns eine einfache Fragestellung näher zur Klärung. Warum hat sich dieses Mädchen abseits der weiblichen Norm entwickelt? Weil sie nicht so schön war wie ihre Schwester. Wir können daraus folgern, daß ihr vorschwebte, ein Mädchen müsse, um ihre Rolle spielen zu können, schön sein. Diese Überschätzung der Schönheit des Weibes, ein durchaus männlicher Kunstgriff, der zur schädlichen, dauernden Abhängigkeit der Frau

vom Urteile des Mannes führt, ist ganz allgemeiner Unfug, beherrscht sowohl den Mann als die Frau und schränkt die Lebensmöglichkeiten der Frau außerordentlich ein. Besonders bei entmutigten Frauen, und dies sind alle nervösen, wird man immer auf diese tiefwurzelnde Anschauung stoßen. Das männliche Privileg in unserer Kultur bringt es zuwege, ein wichtiges Prinzip der natürlichen Auslese, die Schönheit, als Unterpfand der Gesundheit künftiger Geschlechter, in einen Machtfaktor zugunsten des Mannes umzufälschen. Unsere Patientin nun, die auch in dieselbe Abhängigkeit geraten war, fand sich automatisch gedrängt, der Frauenrolle auszuweichen, nicht in ihr die Konkretisierung ihres Strebens zu suchen, sondern in einer fiktiven Machtstellung, in der sie so tat, als ob sie etwas täte, oder nur bedingungsweise mitzuspielen, so wenn der männliche Partner ein Hampelmann, also vielleicht gar kein Mann war. Selbstverständlich hatte sie auch in der Jugend häufig Einfälle der Art, um wie viel besser es wäre, ein Mann zu sein.

Ihr weibliches Minderwertigkeitsgefühl scheint also wohl außer Zweifel. Wo steckt aber der männliche Protest? Nun, ihr ganzer neurotischer Lebensstil ist ein Aufruhr gegen die weibliche Rolle, ist Streben nach männlicher Machtfülle, nach Entfaltung ihres Lebens in der Richtung der väterlichen, nicht der mütterlichen Stellung. Aber es scheint, daß deutlichere Beweise not tun. Hier sind sie: eines Tages entdeckte sie unzweideutige aktive homoerotische Neigungen.

Die psychoanalytische Presse wirft uns regelmäßig vor, daß wir die Liebe oder die Erotik vergessen hätten. Wir sind nur nicht darauf trainiert, auch nicht verpflichtet, alle seelischen Erscheinungen aus diesem Punkt zu betrachten. Wir hatten Wichtigeres zu tun. Wir hatten zu zeigen, daß die Erotik eines Menschen sowohl in der Kindheit als nachher immer jene Form annimmt, die zum Lebensstil des betreffenden Individuums innerhalb einer bestimmten Situation gehört. So daß wir leicht hätten erraten können, wie dieses Mädchen, nach einer Niederlage auf dem Wege zur normalen Liebe, ihre selbstverständlich vorhandene Erotik entsprechend ihrem männlichen Protest und ihrer Ausweichung gegenüber der Norm unter Ausschaltung des Mannes umbiegen mußte. »In Flucht geschlagen glaubt er zu jagen.«

Einer ihrer vielen Ärzte, von sexualpsychologischen Irrlehren

befangen, glaubte ihre Heilung durch eine sexuelle Annäherung herbeiführen zu können. Die Folge war ein wochenlang andauernder Verwirrtheitszustand, der nur langsam abklang. Vielleicht lag nur ein Irrtum des Mädchens vor. Auch dies wäre ein genügender Hinweis – wenn unsere Auseinandersetzung noch nicht genügend Klarheit über die Untauglichkeit der Patientin zu Liebesbeziehungen geschaffen hätte, wenn einer noch Zweifel hegte, daß erst das Minderwertigkeitsgefühl gemildert werden muß, bevor solch ein Mensch zum Leben erwachen kann –, die sogenannte »Übertragung« mit allen Mitteln zu verhindern. Da sie dem weitverbreiteten Irrtum von Männern und Frauen zum Opfer gefallen war, als ob die ganze Aufgabe der Frau darin bestünde, den Mann zu bezaubern, sie sich aber diese respektable Leistung nicht zutraute, konnte jedes Drängen in die Richtung der Erotik nur Panik hervorrufen. Eine große Anzahl von Psychosen und mancher Neurosen entstehen in dieser, dem Nervenarzt in der Regel unverständlichen Panikstimmung. In dieser Ratlosigkeit werden alle wirklichen Werte außerordentlich gering eingeschätzt.
Was weiter den Inhalt der Zwangsgedanken dieses Mädchens betrifft, so stellen sie einen groben Mißbrauch religiöser Formen dar und konkretisieren das Streben nach Macht, die formale kompensatorische Bewegung, außerordentlich treffend. Denn sie setzen eine solche Machtfülle voraus, wie sie nur einem Gott zugeschrieben werden könnte. Ihr steht es nun zu, ob einer zur Hölle verdammt ist oder erlöst werden kann, und so entscheidet sie über das Schicksal der Menschen. Eine weitere Zwangsidee, die sie quälte, bestand darin, daß sie insbesondere beim Essen durch Worte oder Blicke einen Menschen vergiften könnte. Der Torheit dieser Idee scheint übrigens die menschliche Seele in ausgedehntem Maße zugänglich zu sein. Denn nicht minder groß als bei diesem Mädchen ist die Macht gedacht, die man Menschen mit dem bösen Blick zumutet oder die man den Hexen zugeschrieben hat. Einer der Reste dieses Aberglaubens hat sich wohl auch in den Aberglauben des Hellsehens und des Mediumismus hinübergerettet. Sieht man näher zu, so findet man die Wurzel dieses ganzen Unfugs in dem auch heute noch allgemein verbreiteten Aberglauben, als ob es angeborene Fähigkeiten gäbe, die anderen Menschen nie und nimmer zugänglich wären.

Viele Neurologen und Psychologen wenden hier ein, was auch den Patienten sonderbar und unglaubwürdig vorkommt: warum denn dann, wenn bei solchen Symptomen eine solche Machtfülle erreicht wird, der Patient dabei so schmerzlich berührt wird und leidet? Nehmen wir einmal an, der Patient genösse das Gefühl seiner Macht, wie wir es wohl bei Giftmörderinnen bemerken konnten, ohne daß eine reale Machterweiterung erfolgt wäre. Dann hätten wir vielleicht den Fall einer Melancholie oder einer Schizophrenie vor uns. Das heißt: der Patient hätte sich aus den Banden des Gemeinschaftsgefühles so weit gelöst, daß ihm auch die Logik, die Vernunft, die uns alle bindet, abhanden gekommen wäre. So steht aber der Fall bei der Zwangsneurose nicht, der Patient sieht seine Gedanken selbst als töricht an. Aber: so töricht sie auch sein mögen, gegenüber dem Standpunkt, dem Ziel eines Mitmenschen betrachtet, als Mittel, sich von jenen Aufgaben loszulösen, vor deren Erfüllung er sich fürchtet, sind sie vollkommen geeignet. Und außerdem findet er sich in seiner Stellungnahme auf der unnützlichen Seite des Lebens ganz und gar gerechtfertigt. Diese Rechtfertigung ginge verloren, wenn er sich über sein neurotisches Tun auch noch freuen möchte. Also leidet er.

Eine weitere Notwendigkeit zu überaus großem Leiden ergibt sich daraus, daß der Patient mit seinem Leiden nicht bloß die Luft, sondern auch die ihm zugängliche Umgebung erschüttert und sich gefügig macht. Könnte er dies, wenn er lustig wäre?

Drittens aber ist sein Leiden bei diesen Zwangsgedanken innigst verbunden mit dem Hinweis auf seine Zauberkraft, auf seinen Edelmut, auf seine Heiligkeit. Je mehr er leidet, um so deutlicher wird ihm seine Machtfülle. Ja, er kann gar nicht genug leiden, denn sein Leiden ist das einzige Stück im ganzen Zwangssystem, das sich der Realität einzugliedern trachtet, das Realitätswert besitzt. Aus seinem Leiden wächst ihm die Gewißheit seiner Größe. Nur daß er auf das Leiden blickt, so wie bisher alle anderen Betrachter der Zwangsneurose, und seine Macht sich nicht gewahr werden läßt. Wir müssen ihn lehren, auf den fiktiven Machtzuwachs zu achten, dessentwegen er, in seiner Schwachmütigkeit den nützlichen Aufgaben gegenüber, die Neurose angesponnen hat.

Die Ersetzung des neurotischen Bezugssystems durch

ein mitmenschliches – und das ist die Aufgabe der Individualpsychologie – ist gleichbedeutend mit der Ermutigung des Patienten. So gelang es auch in diesem Falle, die soziale, die berufliche und die Liebesfähigkeit des Mädchens wieder herzustellen. Die nutzlos verstrichene Zeit mag wohl Gegenstand des Bedauerns sein. Aber die Neurose hat, dank dem gegenwärtigen Stand unserer Wissenschaft, die Patientin an einen Punkt geführt, von wo aus sie das Leben besser übersieht und die Notwendigkeit eines Wirkens im Sinne der allgemeinen Nützlichkeit besser empfindet. Für sie, die durch das Fegefeuer der Individualpsychologie gegangen ist, gilt das Bibelwort, daß im Himmel mehr Freude ist über einen reuigen Sünder als über neunundneunzig Gerechte.

SECHSTER FALL

Ich sah einen Fall von Platzangst bei einem 53jährigen Manne, der meinte, in Gesellschaft anderer Leute nicht ordentlich atmen zu können. Er lebte bei seiner Schwester, und hatte einen Sohn, dessen Charakterzüge den seinen sehr ähnlich waren. Als ich danach forschte, was die Ursache der ungewöhnlich starken Konzentration der Interessen dieses Mannes auf sich selbst sein kann, fand ich, daß er in seinem zehnten Lebensjahre seine Eltern verloren hat. Im Elternhaus blieben zwei ältere Kinder. Er hatte seinen ersten Attack, als seine zwei älteren Brüder einmal gestritten haben. Das weist auf die Tendenz hin, einer schwierigen Situation mit einem Zusammenbruch zu begegnen. Der Mann war der Jüngste unter acht Geschwistern und wurde vom Großvater erzogen. Großeltern sind immer verziehende Pflegeeltern. Vater und Mutter des Patienten lebten in glücklicher Ehe; der Vater war überlegen, die Mutter eher kühler Natur, so wurde das Kind dem Vater zugetan.

Die erste Freundschaft des Kindes ist immer die Mutter, wenn diese vorhanden ist, so daß wir, wenn das Kind eher dem Vater zuneigt, annehmen können, daß die Mutter dem Kinde nicht die genügende Aufmerksamkeit zuwendet: wahrscheinlich ist sie lieblos, anderweitig beschäftigt oder mehr liebevoll zu einem jüngeren Kinde. Unter solchen Umständen wendet sich das Kind dem Vater zu, wenn das möglich ist. Und im gegenwärtigen Falle ist der Widerstand der Mutter stark betont gewesen.

Die Menschen sind oft unfähig, sich an ihre frühesten Situationen korrekt zu erinnern; doch die Erfahrung befähigt uns, ihre Umstände aus verhältnismäßig geringen Andeutungen zu rekonstruieren. Der Patient behauptete, aus seiner frühen Kindheit sich bloß an drei Erlebnisse erinnern zu können, die seinem Gedächtnis tief eingeprägt geblieben seien. Das erste ereignete sich im 3. Lebensjahre, als sein Bruder gestorben ist. Er war am Tage des Begräbnisses bei dem Großvater, als seine Mutter vom Friedhof zurückkehrte, traurig und weinend, und als der Großvater sie küßte, einige Worte der Liebe und des Trostes flüsternd, sah das Kind die Mutter etwas lächeln. Er wurde dadurch stark bestürzt und trug der Mutter dieses Lächeln am Tage, wo ihr Kind begraben wurde, lange Zeit nach. Die zweite Erinnerung, die er sich behielt, war ein freundlicher Vorwurf seines Onkels, der ihm vorhielt: »Warum bist du immer so roh mit deiner Mutter?« Eine dritte Erinnerung aus derselben Periode seines Lebens bezog sich auf einen Streit seiner Eltern, nach welchem er seinem Vater gesagt hat: »Du hast dich brav benommen, Vater, wie ein Soldat!« Er hing sehr an seinem Vater, und wurde von diesem verzärtelt; und er bewunderte den Vater immer mehr als die Mutter, obwohl er sich im klaren darüber war, daß der Charakter seiner Mutter von besserer Art war.

Alle diese Erinnerungen, die aus seinem 3. oder 4. Lebensjahr stammten, zeigten die kämpfende Attitude gegenüber der Mutter. Die erste und die dritte Erinnerung wurden ganz klar von seinem Ziel beherrscht, das darin bestand, die Mutter zu kritisieren und sich selbst für seine Zuneigung zum Vater zu rechtfertigen. Der Sinn, warum er sich von der Mutter abgewandt hat, ist leicht einzusehen: Er ist von ihr viel zu viel verzogen worden, um sich mit dem Erscheinen eines jüngeren Bruders auf dem Plane abfinden zu können – mit demselben jüngeren Bruder, der in seiner ersten Kindheitserinnerung in scheinbar so unschuldiger Weise figuriert.

Dieser Patient heiratete mit 24 Jahren. Die Ehe brachte ihm, wegen der Ansprüche seiner Frau auf ihn, eine Enttäuschung. Die Ehe zwischen verzärtelten Kindern ist immer unglücklich, da beide in der erwartenden Attitude beharren und keines von ihnen zu geben beginnt. Der Patient machte die verschieden-

sten Erfahrungen mit und versuchte es mit den verschiedensten Beschäftigungen – erfolglos. Seine Frau war nicht sympathisch und beklagte sich, lieber die Freundin eines reichen Mannes als die Frau eines armen sein zu wollen. Die Ehe endete mit der Scheidung. Obwohl der Mann in der Tat nicht arm war, war er sehr geizig gegenüber seiner Frau und sie ließ sich von ihm scheiden, um Rache zu nehmen.
Nach der Scheidung ist er ein Frauenhasser geworden und entwickelte homosexuelle Tendenzen. Er hatte keine wirklichen Verhältnisse mit Männern, aber er hatte die Sehnsucht, Männer zu umarmen. Diese homosexuelle Richtung ist, wie gewöhnlich, eine Art von Feigheit. Er ist von Frauen zweimal geschlagen und enttäuscht worden – einmal von der Mutter, nachher von seiner Frau – und jetzt versuchte er, seine Sexualität auf Männer zu richten, um Frauen und weiteren Erniedrigungsmöglichkeiten aus dem Wege zu gehen. Um in sich selbst eine solche Tendenz zu befestigen, kann man sehr leicht die Vergangenheit fälschen, indem man aus der Erinnerung bestimmte, allgemeine Erlebnisse heraussucht und ihre Wichtigkeit übertreibt, um sie dann als Beweise angeborener homosexueller Tendenzen zu nehmen. Auf diese Weise erinnerte sich unser Patient, in seinen Lehrer verliebt gewesen und von einem Jugendfreund zur mutuellen Onanie verführt worden zu sein.
Der entscheidende Faktor im Verhalten dieses Mannes war, daß er ein verzogenes Kind gewesen ist, das alles für nichts verlangt hat. Seine Platzangst entstammte einerseits der Furcht, mit Frauen zusammenzukommen, und andererseits der gleichen Gefährlichkeit, mit Männern zusammenzukommen, da die Möglichkeit einer erotischen Neigung zu ihnen vorlag. In dieser Spannung der Gefühle um die Frage, ob er von zu Hause weggehen soll oder nicht, entwickelte er Magen- und Atmungsbeschwerden. Viele Nervöse beginnen in einer Situation der Spannung Luft zu schlucken, was, neben einer Beeinträchtigung des Atmens, Blähungen, Magenbeschwerden und Herzklopfen verursacht.
Als ich ihm seinen wahren Zustand erklärt habe, richtete er an mich die übliche Frage: »Was soll ich tun, um keine Luft zu schlucken?« Diese Frage beantworte ich öfters so: »Ich kann Ihnen nicht sagen, wie Sie auf ein Pferd steigen sollen, aber ich kann sagen, wie Sie auf ein Pferd nicht steigen sollen«. Oder

ich gebe öfter den Rat: »Wenn Sie hinausgehen wollen und über die Frage einen Konflikt mit sich selbst haben, so schlukken Sie rasch etwas Luft.« Dieser Mann, wie so viele andere Patienten, schluckte sogar im Schlaf Luft, aber nach meinem Hinweis begann er sich selbst zu kontrollieren und brach mit dieser Gewohnheit. Luftschlucken im Schlaf und Erbrechen beim Erwachen: das geschieht mit Patienten, die an Magenbeschwerden und Angst leiden, wenn sie von einer schwierigen Situation gequält werden, der sie am nächsten Tage begegnen müssen.
Der erwähnte Patient begann sich zu bessern, sobald er es eingesehen hatte, daß er als verzärteltes Kind immer darauf wartete, ohne Geben nehmen zu können. Jetzt sah er ein, daß er erst sein normales Sexualleben versperrt hat, um nach etwas leichterem zu suchen, und dann eignete er sich eine fiktive Homosexualität an, in der er vor der Gefahr ebenfalls Halt gemacht hat; der ganze Prozeß war lediglich ein gut vorbereiteter Weg, um zum Stillstand zu kommen. Als letztes Hindernis war seine Angst zu beseitigen, sich unter Fremden bewegen zu müssen, die sich um ihn nicht kümmerten, wie die Leute auf der Straße. Diese Angst wird durch das tiefere Motiv der Platzangst erzeugt, das darin besteht: alle solche Situationen auszuschließen, in denen man nicht der Mittelpunkt der Aufmerksamkeit ist.

SIEBENTER FALL

Frühe Kindheitserinnerungen geben uns oft aufklärende Hinweise darüber, auf welchem Wege die sexuelle Attitude aufgebaut worden ist. Ein 14jähriger Junge, mit starker, erwartender Attitude gegenüber dem Leben, hatte große Schwierigkeiten im Schwimmen lernen so wie er überhaupt abgeneigt war, etwas zu lernen, insbesondere aber Mathematik[22]. Bei diesem Typ von Kindern bildet die Mathematik oft die Hauptschwierigkeit, wahrscheinlich weil sie eine besonders selbständige Hingebungsfähigkeit für die Arbeit erfordert. Er gestand seiner Mutter, die sein bester Kamerad war, eine Zeitlang beim Anblick der Muskeln von Männern im Schwimmbad oder sonstwo sexuelle Erregung empfunden zu haben.

[22] Vgl. mit Fall 3.

Sein frühestes Erlebnis, an das er sich erinnern konnte, war, mit der Mutter spazierengegangen zu sein, wobei die Leute, als sie seine hellen, lockigen Haare sahen, oft bemerkten: »Was für ein hübsches Mädchen!«
Fragte man ihn, ob er gerne ein Mädchen sein möchte, leugnete er jedenfalls sehr emphatisch. In seinem Bewußtsein war es besser, ein Mann als eine Frau zu sein; da er aber in Wirklichkeit alles so leicht als möglich erreichen wollte, wich er der notwendigen Vorbereitung für die männliche Rolle instinktiv aus und sein Ziel bestand darin, umworben zu werden und Aufmerksamkeiten zu empfangen, wie wenn er ein Mädchen gewesen wäre. Das schien ja möglich, da er ein hübsches Aussehen hatte. Dagegen schien ein Erfolg auf allen anderen Wegen schwierig und fraglich. So flüchtete er in Faulheit und Unfähigkeit. Ein solcher Lebensstil – das müssen wir uns immer vor Augen halten – gibt dem Patienten gelegentlich das Gefühl der Macht und des Herrschens. Er ist verbunden mit heftiger Abneigung gegen jede Situation, die man nicht zu beherrschen vermag, so daß wir gar nicht überrascht sind, wenn wir von einer übermäßigen Angst des Jungen vor Gewittern erfahren. Ein Gewitter – das ist ja das höchste Beispiel für Dinge, die man weder veranstalten noch beaufsichtigen kann.
Mit dem hochfahrenden Ehrgeiz eines zweiten und jüngsten Kindes machten diesen Jungen seine offenkundigen Niederlagen unfähig, sich einen entsprechenden Erfolg als Mann zuzutrauen: daher das Streben, ein homosexuelles Ziel zu formen, passiv, durch Geliebtwerden und Angebetetsein zu herrschen.

3. Zusammenfassende und Schlußbetrachtungen[23]

Die Erscheinungen der Homosexualität lassen sich bis in die Anfänge der Kultur zurückverfolgen. Es sind uns Darstellungen päderastischer Akte aus den ältesten Zeiten erhalten. Zu

[23] Zusammenfassende Darstellungen: KRAFFT-EBING, Psychopathia sexualis, Stuttgart [17]1924; M. HIRSCHFELD. Jahrb. f. sex. Zwischenstufen, Leipzig 1913/14; IWAN BLOCH, Beitrag zur Aetiologie der Psychopathia sex., Dresden 1902; M. HIRSCHFELD, Sexualpathologie, 3 Bde., Bonn 1917–20; S. FREUD, Drei Abhandl. zur

manchen Zeiten, bei verschiedenen Völkern, artet diese Perversion zu einer Massenerscheinung aus. Allgemein bekannt ist ihre Verbreitung in manchen Gegenden des Orients und im alten Griechenland aus der Zeit der allgemeinen Hinneigung zum »griechischen Eros«. In unserer Zeit findet man allenthalben in allen Städten, auf dem Lande, bei hoch und niedrig, bei Männern und Frauen, in allen Altersstufen in allen Ländern vereinzelt Homosexuelle, die fast immer den Hang zeigen, Massenerscheinung zu werden, was durch ihre Vereinigung und Organisation namhaft unterstützt wird. Ihre große Verbreitung durch alle Länder und Zeiten trägt viel dazu bei, den Glauben an ihre Unabänderlichkeit zu festigen. Viele Forscher und Bekenner neigen sich der Meinung zu, als ob die Kultur zu einer Abschwächung des sexuellen Instinkts geführt hätte. Auch der Hinweis auf das Tierreich, wo angeblich nur bei domestizierten Lebewesen homosexuelle Akte beobachtet wurden, scheint diese Auffassung zu unterstützen. FREUD sucht durch die Annahme allgemein angeborener homosexueller Komponenten des Sexualtriebes die Häufigkeit homosexueller Neigungen zu erklären, die sich unter anderweitigen günstigen Bedingungen durchsetzen, sobald es zur Verdrängung normaler Sexualität kommt. In weiten Kreisen ist die Argumentation FREUDS bekannt geworden, nach welcher es die Kultur ist, die zur Verdrängung der Sexualität führt, während andererseits die Kultur aus verdrängter Sexualität entstehe.

Im Laufe der psychologischen Vertiefung in Einzelschicksale und in das Kinderseelenleben eröffnete sich das Geheimnis der überaus weitverbreiteten gelegentlichen Homoerotik und ihrer fragmentarischen Betätigung in beiden Geschlechtern. Neben der Masturbation und neben der Heterosexualität kommt es oft zu homosexuellen Akten oder Phantasien und Liebkosungen. Gelegenheit einerseits und Gefängnis, strenge Beaufsichtigung in Heimen, Konvikten, Kasernen oder im Familienheim, andererseits Verführung von Kindern durch Erwachsene usw. fördern fast regelmäßig den homosexuellen Anschluß. Aber auch bei Verehelichten und anderen Hetero-

Sexualtheorie u. verwandte Schriften [Fischer Taschenbuch Bd. 6044]; ARTHUR KRONFELD, Über Gleichgeschlechtlichkeit, Stuttgart 1922; O. SCHWARZ, Psychogenese und Psychotherapie körperlicher Symptome, Berlin 1925; M. MARCUSE, Handwörterbuch der Sexualwissenschaft, Bonn 1923.

sexuellen findet man öfters gleichzeitige Ausübung dieser Perversion. Alle möglichen Varianten, Fellatio, Päderastie, mutuelle Onanie kommen zusammen oder isoliert vor. Bevorzugt wird mutuelle Onanie. Häufig bleibt es bei Exhibitionismus, Liebkosungen und Phantasien.
Nicht selten fanden die Beobachter andere sexuelle Perversionen gleichzeitig vor, wie Sadismus, Masochismus und Fetischismus. Neurotische und psychotische Zustandsbilder wurden oft als Beigabe oder als Grundlage beschrieben. Ich habe niemals den Einschlag einer Neurose, Zwangs- oder Angstneurose vermißt[24]. Auch Verknüpfungen mit Morphinismus und Cocainismus sind nicht vereinzelt.
Seit jeher hatten sich den Forschern der Neuzeit einige gemeinsame Beobachtungen aufgedrängt:

1. Der Habitus.
2. Das Benehmen.
3. Anomalien der Geschlechtsorgane.
4. Geringschätzung des anderen Geschlechts.
5. Homosexuelle Träume und Phantasien.
6. Frühzeitige Anzeichen in der Kindheit.
7. Familiäres Vorkommen.

Bis in die letzten Jahrzehnte erhielt sich die Annahme, daß die Homosexualität ihre Ursachen in Lasterhaftigkeit, Übermut und Übersättigung habe. Spät erst gewannen die Ärzte Klarheit darüber, daß es eine große Anzahl von Homosexuellen gäbe, die sich gegen ihre Neigung aufs heftigste wehren und Heilung suchen.
Die obigen Feststellungen und diese Erfahrung bewirkten, daß man an angeborene Faktoren zu glauben begann. Da wohl nie ein einwandfreier Fall von geheilter Homosexualität weiteren Kreisen bekannt wurde, gewann diese Auffassung an Boden. Die ungleich zahlreicheren Fälle von »überstandener Homosexualität« hatte man vergessen. Als später Heilungen vorkamen und publiziert wurden, entschloß man sich zu einer weiteren Annahme. KRAFFT-EBING war vielleicht der erste, der eine erworbene Homosexualität von der angeborenen unterschied, und er verfiel auch auf die Idee eines weiblichen Gehirnteiles bei männlichen Homosexuellen. BINET und SCHRENCK-NOTZING hielten sich, wie später FREUD, an die

[24] Siehe ADLER, Über den nervösen Charakter [Fischer Taschenbuch Bd. 6174, u. a. S. 215f].

Annahme eines sexuellen Traumas oder Erlebnisses in der Kindheit, dessen Fixation die spätere Richtung des Geschlechtstriebes bedingen sollte. FREUD kam im Laufe seiner späteren Forschung zur Anschauung, die Homosexualität sei ursprünglich verdrängter, später neubelebter Anteil der Libido und finde sich als Neigung und Phantasie vielleicht bei allen Nervösen. STEINACHS Anschauungen und Heilversuche berühren sich mit den Annahmen KRAFFT-EBINGS, MAGNUS HIRSCHFELDS und WEININGERS und verlegen die Ursache der Homosexualität in die Mangelhaftigkeit der entsprechenden Keimdrüsen. Am bekanntesten ist MAGNUS HIRSCHFELDS »Zwischenstufentheorie« geworden. Seine Auffassung geht dahin, daß die körperlichen und seelischen Ausdrucksformen bei Mann und Frau von den Hormonen »Andrin und Gynäcin« abhingen, deren Zusammenwirken hermaphroditische und homosexuelle Erscheinungen entstammten. Ich habe im Jahre 1914 als Ergebnis zahlreicher Untersuchungen und Nachprüfungen feststellen können, daß die Homosexualität immer aus psychischen Quellen stammte, wobei körperliche Eigenarten Vorschub leisten können. KRAEPELIN äußert die gleiche Meinung, daß die Homosexualität durch exogene Faktoren bedingt sei. HOLL gesteht einem Teil der Fälle endogene Ursachen zu, hält aber Psychotherapie für notwendig. Ältere Anschauungen, wie die von NAECKE, KIERNAU, HAVELOCK ELLIS u. a., stehen wie die HIRSCHFELDS auf dem Boden der Bisexualität und schuldigen unvollständige sexuelle Differenzierung an.

Wie wir sahen, bedeutete es einen Wendepunkt in der Auffassung der Homosexualität, als man so viele Pervertierte kennenlernte, die ihre Perversion als eine schwere, ja unerträgliche Marter empfanden und um jeden Preis befreit sein wollten. Ich habe gezeigt, daß die Homosexuellen, die über ihre »unglückliche Veranlagung« klagen, damit eigentlich recht wenig leisten zur Beseitigung ihres Übels, ja daß sie vielmehr aus der Erfolglosigkeit ihrer Bemühungen und aus der Demonstration ihres guten Willens auf die Unrettbarkeit schließen und sich so Milderungsgründe und Rechtfertigungen sichern. Ich stieß auch regelmäßig auf die Tatsache, die sich freilich erst aus der Betrachtung der ganzen Persönlichkeit ergibt, daß der Stolz anderer Homosexueller auf ihre »Andersartigkeit« die Kompensation auf ein tiefsitzendes Minderwertigkeitsgefühl und Schwächegefühl der Frau gegenüber darstellt, die sich auch in der Mißachtung der Frau eine fiktive Genugtuung verschafft. Bezüglich der Annahme von »fixierten Erlebnissen« erwies sich mein Zweifel als voll berechtigt. Und meine Fragestellung lautete bei den hierher gehörigen Fällen: Welche Umstände sind es, die die Fixierung besorgen?

Wir können nun einer weiteren Frage näher treten. Woher kommt es, daß die meisten Menschen gegenüber der Homosexualität eine effektiv feindliche Stellung einnehmen? Daß sie sie zum mindesten als Sünde, Laster, als Verbrechen empfinden und daß sie in den meisten Kulturländern als sträfliches Delikt behandelt wird? FREUD und seine Anhänger begnügen sich mit der Antwort: Weil die anderen Menschen ihre Homosexualität verdrängt oder sublimiert haben. Diese Erklärung ist an sich unwahrscheinlich, sicherlich unbeweisbar, ist nicht aus den Tatsachen geholt, sondern aus der psychoanalytischen Theorie. Denn schon die Logik des menschlichen Zusammenlebens, der Drang zur Erhaltung des Menschengeschlechts, kurz das dem Menschen innewohnende Gemeinschaftsgefühl zwingt zu energischer Abwehr. Daß diese durch eine Strafhaft, eine neuerliche Entfernung aus der Gemeinschaft, zweckdienlich geleistet werden könnte, ist freilich ein Irrtum unserer Kultur. Auf dauernde Anerkennung aber, wie sie vielfach angestrebt wird, kann die Homosexualität nicht rechnen, ebensowenig wie der Inzest oder Vergehen gegen die Allgemeinheit. Von der Zukunft erwarten wir zunächst eine richtigere Stellung zu diesem Problem, eine freiwillige Entschließung des Straffälligen zum Heilverfahren.

Die Erörterung der obigen sieben Hauptargumente zugunsten einer angeborenen Homosexualität wird uns in allen Fällen deren Unhaltbarkeit ergeben.

1. Der Habitus der homosexuellen Männer wird vielfach als weiblich geschildert, der solcher Frauen als männlich. Hauptsächlich kommen hier der Teint, das Becken, die Stirne, die Brüste, die Bart- und Schamhaare, die Stimme, die Hände und Füße in Betracht. Das häufige Vorkommnis dieser Anomalien im Zusammenhang mit Homosexualität kann nicht geleugnet werden. Es betrifft öfters die passiv homosexuellen Männer und die aktiv homosexuellen Frauen. Sie deuten als sekundäre Geschlechtscharaktere auf angeborene oder frühzeitig erworbene Keimdrüsenstörungen hin. Man findet die gleichen

Erscheinungen aber so oft bei völlig Normalen, daß ihre ausschlaggebende Bedeutung für die Entwicklung zur Homosexualität mit Recht bestritten werden kann. Dieses variierende Verhalten bei gleichem körperlichen Befund legt vielmehr die Erkenntnis nahe, daß es bei der erotischen Stellungnahme sich gar nicht um die körperlichen Tatsachen handelt, sondern wie sie der Träger auffaßt und was er sich davon verspricht. Ich habe einige Männer mit weiblichem, öfters richtiger kindlichem Typus gesehen, deren äußere Genitalien gänzlich verkümmert und unbrauchbar waren, ohne daß je homosexuelle Regungen aufgetreten wären. Daß man sie aber hätte verführen können, bezweifle ich ebensowenig, wie ich es bei Kindern und Häftlingen bezweifle.

Die meisten Homosexuellen zeigen jedoch den durchschnittlich normalen Typus. Andere wieder zeigen sich in ihrem Habitus als hervorragende Repräsentanten ihres Geschlechts. Nichts weist auf Keimdrüsenanomalien hin. Sie lassen ihre körperliche Beschaffenheit offenbar nicht als Gegenbeweis gelten.

2. Bezüglich des Benehmens des Homosexuellen können wir uns kürzer fassen. Was im Habitus als körperliche Eigenart den Schein der Andersgeschlechtlichkeit hervorruft, eigentlich aber erst durch seine Verwendung zum homosexuellen Endziel einen neuen Sinn[25] und Würde erlangt, machen hier einstudierte und seit langem trainierte Bewegungen aus, die nach dem Muster des anderen Geschlechts gearbeitet sind, um nachträglich noch als Beweismittel Anspruch zu erheben. Und wieder ist es nicht gerade eine Überzahl der Homosexuellen, die über diese Mittel verfügen. Man findet vielleicht ebenso oft das dem Geschlechte zugehörige Gebaren. Es sind Entlehnungen zu einem bestimmten Zweck, schauspielerische Darstellungen, ein geziertes Wesen, schmachtende Blicke, gespielte Ängstlichkeit, Anlehnungsbedürftigkeit, Koketterie bei Männern, burschikose Haltung, Zynismus, Draufgängerei, Befehlshaberei bei Frauen. Daß man also Homosexuelle aus ihrem Benehmen erkennt, ist nicht weiter verwunderlich, ebensowenig, daß sie sich gegenseitig erkennen: sie geben es einem zu verstehen.

3. Anomalien der Geschlechtsorgane sind vielfach in der

[25] Oswald Schwarz, Das psychophysische Problem in der Sexualpathologie, in: Wiener klin. Wochenschr. 1922, Nr. 11.

Literatur verzeichnet. Man findet sie bei Normalen nicht minder häufig. In meiner Studie »Über Minderwertigkeit von Organen«[26] bin ich zu dem Schlusse gekommen, daß vielleicht alle Organminderwertigkeiten von Minderwertigkeitszeichen der Sexualorgane begleitet sind. Kehrt man diesen Schluß um, so ergibt sich, daß bei Anomalien des Sexualorgans auch andere Organsysteme minderwertig sind, so daß die ganze biologische Stellung des Individuums leicht zu einem Schwächegefühl Anlaß gibt. Dieses Schwächegefühl äußert sich zumeist in einer verstärkten Sicherungstendenz und Vorsicht den Lebenproblemen gegenüber, führt in besonderen Fällen zur Ausschaltung jeder Lösung oder zu günstiger scheinenden Lösungsversuchen. Im Zusammenhang mit allen anderen, kritisch erfaßten Tatsachen ergibt sich nun der Schluß, daß die Homosexualität ein Lösungsversuch schwachmütiger Menschen ist, die um das Sexualproblem herumkommen wollen. Auch im Hinblick auf die erwähnten Genitalanomalien bestätigt sich diese Auffassung, da niemals die Tatsache einer Phimose oder einer vergrößerten Klitoris für die Wendung zur Homosexualität entscheidend ist, wohl aber die irrtümliche Auffassung des betreffenden Menschen, er sei für die Norm mangelhaft ausgerüstet, von Bedeutung sein kann.

4. Die frühzeitige Geringschätzung des anderen Geschlechts kann nur bei oberflächlicher Betrachtung als causa movens oder als Zeichen angeborener Homosexualität gedeutet werden. Sie ergibt sich vielmehr als tendenziöse Sicherung gegen die Norm, zu deren Aufbau die mannigfachsten Erfahrungen und Erlebnisse des Kindes, soweit sie dazu brauchbar sind, als Stützpunkte dienen. Ist es da einmal der übergroße Respekt und die Furcht vor dem andersgeschlechtlichen Elternteil, der generalisierend wirkt und eine dauernde Abwendung hervorruft, so kann in der gleichen Position eine starke Verzärtelung und einseitige Bindung zum Ausweichen Anlaß geben in der Befürchtung, nie wieder einer gleichen Wärme teilhaftig zu werden. Bei unsicheren Knaben wirkt vielfach die der Frau meist abträgliche Schilderung und ihre fast feindselige Darstellung in der gesamten Literatur, von der Bibel angefangen, bei Mädchen die reichlich gehörten Übertreibungen von den Schmerzen und Gefahren der Sexualität,

[26] s. oben S. 32, Anm. 5.

des Gebärens, von der Zaubermacht der Liebe und des Mannes, von der Schwierigkeit der Ehe und von der Unverläßlichkeit der Männer in verstärkendem Sinne.
Das unsichere Kind wird alle diese Wahrnehmungen leichter zum Anlaß nehmen, seine Vorbereitungen zur Liebe ausweichend zu gestalten. Im Laufe eines längeren Trainings sieht es schließlich nur noch die Schattenseiten des anderen Geschlechts.
5. Manche Autoren erblicken im Auftreten homosexueller Träume und Phantasien einen Beweis für die Angeborenheit oder Unabwendbarkeit homosexueller Entwicklung. Es ist das eine kühne aber unrichtige Annahme, deren Aussprechen in Wort und Schrift viel zur allgemeinen Versteifung der Homosexualität beiträgt wie andere Annahmen auch. Seitdem die Wissenschaft Träume und Phantasien als bildliche Ausdrucksformen seelischer Bewegungsformen festgehalten hat – und das ist schon geraume Zeit her –, müßte man vielmehr die Bewegung in ihnen zu erfassen trachten, die ein Arrangement des Individuums bedeutet, nicht aber feststehende Tatsachen, ein Sollen und nicht ein Sein. Auch FREUD, dessen Traumdeutung ein wichtiger Fortschritt war, hat diesem Umstand zu wenig Rechnung getragen. Seine unausrottbare Neigung, hinter allen Darstellungen des Traumes sexuelle Wünsche zu finden, in ihnen vor allem Sexualsymbole, hinderte ihn auch, sexuellen Ausdrucksformen des Traumes ihre allgemeinere Bewegungslinie zu entnehmen. Da demnach der Traum, wie ich feststellen konnte[27], ein probeweiser Anschlag ist und die Bedeutung eines Trainings besitzt, so sind homosexuelle Träume und Phantasien, wenn sie nicht Sexualdialekt für andere Beziehungen des Lebens darstellen, höchstens als Versuch zu verstehen, einer vermeintlichen Homosexualität Vorschub zu leisten, was nicht gerade auf große Sicherheit schließen läßt.
In diesem Zusammenhang müssen wir auch ein weiteres, höchst bedeutsames Training des Homosexuellen im Wachen erwähnen, das einen Hauptstützpunkt für diese Perversion abgibt, meist aber fälschlich als Beweis gilt: der ständig von dem anderen Geschlecht auf das eigene abgelenkten Aufmerk-

[27] Siehe ADLER, »Neurosenwandel und Training im Traum«, in: Internationale Zeitschrift für Individualpsychologie, 2. Jg. (1924), S. 5–8, und »Weiteres zur individualpsychologischen Traumtheorie«, ebda., 5. Jg. (1927), S. 241–245.

samkeit. Dies ist der wichtigste Weg, der zur Schablonisierung, zur Mechanisierung der Homosexualität führt.

6. In der Tat berichten die Homosexuellen oft, daß sie seit frühester Kindheit bereits eine ganz einseitige Zuneigung zum selben Geschlecht gezeigt hätten, oder daß sie Gewohnheiten und Spiele des anderen Geschlechts auffällig bevorzugt hätten. Diese Vorliebe ist sicherlich nichts anderes als eine schlechte Vorbereitung für die wirkliche Geschlechtsrolle und kann oft aus den Situationen der Kindheit verstanden werden. So wird man bei schwächlichen, vielleicht einzigen Kindern Erziehungsfehler überwuchern sehen, die einen Knaben in die Nähe der Mädchenrolle rücken. Diese unpassende Rolle kann erheblich verstärkt werden, wenn sich das Kind lange Zeit seiner wirklichen Geschlechtsrolle nicht bewußt ist, oder wenn ihm aus der Verzärtelung heraus eine Passivität angezüchtet wird, die in der Mädchenrolle leichter Befriedigung zu finden hofft. Bei Mädchen ereignet es sich häufig, daß der vorgefaßte Wunsch der Eltern, einen Knaben zu besitzen, so stark in die Erziehung einschlägt, daß ihnen förmlich die Knabenrolle aufgedrängt wird. Frühzeitige, auch sexuell geweckte Zärtlichkeit für das gleiche Geschlecht ist überaus häufig, auch leichter zu erlangen und zu befriedigen, während frühzeitiger normaler Sexualverkehr unter ungleich schwereren Bedrohungen steht und meist so schwer geahndet wird, daß auch die mit der Norm verbundenen Gefahren die Frühreifen vom anderen Geschlecht abschrecken. Wie sich diese frühen Anzeichen mit den obigen unzureichenden Beweisstücken einer angeborenen Homosexualität verbinden, liegt auf der Hand.

7. Manche Autoren finden einen weiteren Beweis für ererbte Homosexualität im familiären Vorkommen dieser Perversion. Sieht man näher zu, so findet man, daß die Schwachmütigkeit und Unsicherheit der gleichgestimmten Familienmitglieder sie auf den gleichen Weg geführt hat, oder daß eine einheitliche fehlerhafte Familientradition in der Erziehung zu gleichen oder ähnlichen Resultaten den Anlaß gegeben hat. So besonders, wenn sich in einer Familie seit längerer Zeit eine krankhafte Verzärtelung oder besondere Strenge forterbt. Ich habe öfters perverse Kinder bei Schwestern gefunden, die sich gleichmäßig durch Strenge und Herrschsucht auszeichneten.

Aus unserer Darstellung geht zur Genüge hervor, daß die Homosexualität einen Fehlschlag bedeutet in der Erziehung zum Mitmenschen. Die mangelhafte Vorbereitung für seine Geschlechtsrolle, die fehlerhaften Grundlagen seiner Erziehung, die unrichtige Deutung körperlicher Mängel kommen bei der individualpsychologischen Untersuchung des Patienten klar zum Vorschein. Scharf über sich hinausweisend bedeutet dieses Leiden eine Ausschaltung des anderen Geschlechts und damit der Erhaltung des menschlichen Geschlechts. Deshalb wird es mit Recht als kulturwidrig empfunden. Da es die Ausdrucksform einer starken Entmutigung und eines hoffnungslosen Pessimismus ist, die sich mit dem Leben in einem kleineren Kreis, fern vom andern Geschlecht, abfinden können, wirkt jede stärkere Erschwerung des Lebens, jede allgemeine Steigerung der Unsicherheit in den menschlichen Beziehungen steigernd auf die Zahl der Homosexuellen und macht sie zur Massenerscheinung. Aus geschichtlichen Betrachtungen ergibt sich mir in diesem Zusammenhang als Tatsache, daß in Zeiten, in denen die Frau stärker in den Vordergrund des öffentlichen Lebens tritt, das große Heer der schwachmütigen Männer mit Vorliebe die Distanz zur Frau zu vergrößern trachtet und neben anderen Sicherungen auch in der Homosexualität einen Rettungsbalken sucht.
Heilungen und Besserungen gelingen durch psychische Beeinflussung. Man soll in älteren Fällen nicht leichte Arbeit erwarten. Die Aufgabe ähnelt vielmehr einer anderen: einen Feigling, der auszubrechen sucht, so weit zu bringen, daß er die Forderungen des Lebens ohne Einschränkung auf sich nimmt. Andere therapeutische Versuche, auch die Hormontherapie, Einpflanzungen von Keimdrüsen usw. scheinen keine ermutigenden Resultate ergeben zu haben. Ich selbst sah einige mißlungene Fälle. Immerhin beobachtet man bei leichteren Fällen oft Selbstheilung. Unter dem ermutigenden Einfluß irgendwelcher Prozeduren können immerhin Heilungen zustande kommen. Sucht man nach der einfachsten und umfassendsten Formel für ein Verständnis der Homosexualität, so läßt sich feststellen: die Homosexualität ist ein mißratener und mißverstandener Notbehelf.

Mit diesen Erläuterungen, die völlig im Einklang mit den Ergebnissen unserer Individualpsychologie und unserer Neurosenforschung stehen, glauben wir die Frage der Homosexualität hinreichend geklärt zu haben. Eine Zusammenfassung aller vorhandenen Züge und Beweggründe der Homosexualität aus allen uns näher bekannt gewordenen Fällen ergibt folgende sichere Erkenntnisse:

1. Kein physiopathologisches Substrat (weibliche Artung, endokrine Varianten, künstlicher oder angeborener Eunuchoidismus usw.) verpflichtet ein Individuum, sexuelle Reize oder Befriedigungen beim gleichen Geschlecht zu holen. Dagegen liegt in solchen Fällen eine Verführung des Verstandes als logischer Irrtum nahe.

2. Die Anschauung von den zwingenden Ursachen der Homosexualität, von ihrem angeborenen Charakter und von ihrer Unabänderlichkeit, ist als wissenschaftlicher Aberglaube leicht zu entlarven.

3. Das treibende und fixierende Moment ist die tendenziöse homosexuelle Perspektive, die sich als Sicherung bei Kindern voll Eigenliebe und voll krankhaften Ehrgeizes frühzeitig herausbilden kann, sofern sie einer Furcht vor dem Partner entspringt.

4. Die Homosexualität zeigt sich als einer der mißratenen Kompensationsversuche bei Menschen mit deutlichem Minderwertigkeitsgefühl und entspricht in ihrer gestörten sozialen Aktivität vollkommen der Stellung des Patienten zum Problem der Gemeinschaft.

5. Sie ist demnach auch eine Revolte des vermeintlichen Schwächegefühls gegen Forderungen, die sich aus dem gesellschaftlichen Leben ohne Zwang ergeben, und zielt auf einen fiktiven, subjektiv begründeten Triumph der eigenen Überlegenheit. Sieht man bei Betrachtung des Charakterbildes eines Homosexuellen (das gleiche gilt für homosexuelle Frauen) von den eigentlichen sexuellen Erscheinungen ab, so findet man seine persönliche Haltung ebenfalls als Ausdruck einer Lebenslinie, die von einem Minderwertigkeitsgefühl aus durch einen Trick, durch eine Unart, durch eine revoltierende Geste zum fiktiven Gefühl einer Überlegenheit trachtet. Diese Revolte nimmt ihren Ursprung aus einer kämpferischen, feindseligen Stellung des Kindes innerhalb der Familie.

6. Die Ablehnung der Homosexualität liegt im Gemeinschaftsgefühl spontan begründet, und wächst und vermindert sich mit der Stärke des sozialen Zusammenhangs. Der Homo-

sexuelle wird demnach immer auf die Schwierigkeit der gesellschaftlichen Ächtung, der gesetzlichen Maßnahmen, des Vorwurfs der Sünde stoßen.

7. Einer Qualifizierung der Homosexualität als Verbrechen müssen wir aus dem Grund entgegentreten, weil der Homosexuelle durch allgemein menschliche Denkschwächen irregeleitet ist, weil seine Argumentation durch vielfachen wissenschaftlichen Aberglauben gefördert ist und weil er nicht bestraft werden kann für Akte der inneren Notwehr, die aus einer von ihm und von der Wissenschaft bisher verkannten Situation entspringen. Wie für manches andere Leiden wäre auch bei der Neurose der Homosexualität der staatliche Zwang zur Heilung zu fordern.

Sexuelle* Perversionen

1. Sadismus und Masochismus[1]

Der Name »Sadismus« knüpft an den berüchtigten MARQUIS DE SADE an, dessen Greueltaten während der französischen Revolution zu seiner Verhaftung durch die Jakobiner führten. In seinen Büchern, wie in der »Justine«, finden sich die wohl widerlichsten Schilderungen sexuell-grausamer Untaten. Den Begriff »Masochismus« hat KRAFFT-EBING nach dem Namen des Schriftstellers SACHER-MASOCH geprägt, dessen Leben und dessen Romane Charakterzüge aufweisen, wie sie der Hörigkeit des Mannes und seiner gewollten Unterwerfung unter die starke Frau entsprechen. Die hierher gehörigen Erscheinungen haben in den letzten Dezennien die Öffentlichkeit häufig beschäftigt und gaben nicht selten den Gerichten und den Gerichtsärzten Anlaß, sich mit ihnen zu befassen. Der Ausdruck »passive und aktive Algolagnie«, den SCHRENCK-NOTZING gewählt hatte, deckt sich vollkommen mit den obigen Begriffen. In den Kulten des Altertums, in geheimen Zirkeln der Gegenwart und auch vereinzelt finden wir die eine oder die andere dieser Perversionen. So wie bei den Anhängern der Homosexualität besteht auch bei den von der Perversion des Sadismus und Masochismus Ergriffenen die Neigung sich heimlich zusammenzufinden, um ihre Neigungen mit gegenseitiger Hilfe zu befriedigen. Die Prostitution spielt dabei eine große Rolle, weil die Prostituierten mit oder gegen ihren Willen sich den Wünschen der Sado-Masochisten anpassen, bald als sadistischer, bald als masochistischer Partner auftreten und meist über ein ganzes Lager von Peitschen, Riemen, Fesseln usw. verfügen. Auch unter dem Deckmantel der »Mas-

* In der Druckvorlage heißt es: Andere Perversionen. Die Abweichung erfolgte, weil sich der wissenschaftliche Begriff ›Perversion‹ umgangssprachlich geändert hat. (Anm. d. Red.)

[1] Zusammenfassende Darstellungen: KRAFFT-EBING, Psychopathia sexualis, a.a.O.; MOLL u. ELLIS, Die Funktionsstörungen des Sexuallebens, Leipzig 1912; SCHRENCK-NOTZING, Die Suggestionstherapie bei krankhaften Erscheinungen des Geschlechtssinnes, Stuttgart 1892; M. DE SADE, Justine, 1791; FREUD, Drei Abhandlungen zur Sexualtheorie, 1923 [Fischer Taschenbuch Bd. 6044] und Traumdeutung, 1924 [Fischer Taschenbuch Bd. 6344]; ALLERS, Psychologie des Geschlechtslebens, München 1922; BLOCH, Beiträge zur Ätiologie der Psychopathia sexualis, a.a.O.; EULENBURG, Sadismus und Masochismus, Berlin ²1911; A. ADLER in: A. Bethe und Mitarb., a.a.O., Bd. 14 (1), Berlin 1926, S. 887–894.

sage« oder des »strengen Unterrichts« bieten sich nicht selten die Diener am Werk an.
Vielleicht häufiger als alle anderen Formen der Algolagnie findet man sadistische und masochistische Phantasien. Sie entstehen meist schon in der Kindheit, im 6. oder 7. Lebensjahre. Zuweilen sind es Märchen und Geschichten grausamen Inhalts, bei deren Anhören deutliche sexuelle Gefühle bemerkbar werden. Oft sind es Schläge, bei denen sexuelle Gefühle wachgerufen werden und die Phantasie mit Bildern des Schlagens oder des Geschlagenwerdens erfüllen. Zeichen der Sexualität, Lustgefühle, Erektionen, Masturbation sind bei diesen Fällen ziemlich weit in die Kindheit zurückreichend.
Es ist natürlich Sache der Terminologie, ob man Charakterzüge weitgehenden Gehorsams und der Dienstbeflissenheit ohne Beimengung sexueller Gefühle ebenfalls als masochistisch bezeichnen will. Ebenso ist es ein Akt der Willkür, die weibliche Lebensform durchgängig zum Masochismus zu rechnen, die männliche mit ihrer deutlicheren Aktivität in der Werbung und im Liebesverkehr als sadistisch zu bezeichnen. Ebensowenig können wir die Anschauung, die in der FREUDschen Lehre wiederkehrt, als ob alle grausamen Akte Einzelner, Cäsarenwahn, Massenmörder, Brandstifter, und ganzer Völker dem Sadismus, Stigmatisierte und Hypnotisierte dem Masochismus zugehörten, als gerechtfertigt ansehen. Wo sich indessen der Sexualtrieb zu aggressiven oder duldenden Attitüden gesellt, dort bildet er freilich eine gewaltige Verstärkung. So leicht es uns fällt, aus Phantasien und aus erotischen Tatbeständen, wie erotisch verknüpften Schlägen, Geschlagenwerden, Fesselungen, Vergewaltigungen, Lustmord, die Zwangsneurose der Algolagnie zu erschließen, so schwer ist es bei Abwesenheit von Lustgefühlen manchmal aus Träumen, aus schlechten Gewohnheiten und Traditionen, aus Neigung zum Raufen und Prügeleien solchen Schluß zu ziehen. Die Neigung von Kindern und Erwachsenen, bei Greuelszenen anwesend zu sein, Tiere zu quälen, gruselige Geschichten anzuhören, stammt oft ausschließlich aus der Tendenz, eine als schwachmütig empfundene Weichheit durch ein Training zu beseitigen. Einen sicheren Schluß läßt dann immer eine psychologisch geführte Untersuchung der Gesamtpersönlichkeit zu.
Die Ausartungen des Sado-Masochismus gehören wohl zu den

scheußlichsten Verirrungen. Und nur die ärztliche Pflicht vermag es, über den Ekel wegzukommen und gerecht und objektiv zu bleiben bei der Anhörung oft der widerlichsten Situationen, die der Menschengeist ersinnen konnte. Beschmutzung in allen Varianten, Urinentleerung und Defäkation in alle möglichen Körperteile des Masochisten und des Opfers des Sadisten, in der Phantasie und in der Wirklichkeit, sind nicht gar so seltene Vorkommnisse. Es wird einem schwer, angesichts solch ausgesuchter Raffinements dieser Kranken ernst die Auffassung zu diskutieren, als ob angeborene Faktoren oder eine Störung der Drüsenfunktionen unmittelbar derartigen Ausdrucksformen zugrunde liegen könnten. Die psychische Bedingtheit solcher Extravaganzen ist so wenig von der Hand zu weisen, daß die folgenden Beweisstükke nahezu überflüssig werden. An diesen Erscheinungen zerschellt jeder Versuch einer biologischen, jeder sexuell-konstitutionellen, jeder kausal gerichteten und jeder naturwissenschaftlichen Theorie.

Dagegen wird jede Theorie der Perversionen mit jenen Feststellungen zu rechnen haben, die aus den psychologischen Untersuchungen stammen. In erster Linie mit der Tatsache, daß die vorliegenden sexuellen Sonderbarkeiten mit der Eigenart der Gesamtpersönlichkeit übereinstimmen. Einen richtigen Mitmenschen wird man bei diesem Typus wohl niemals finden. Es ist nicht bloß die erotische Frage, die in solchen Fällen mangelhaft gelöst erscheint, sondern auch die beiden anderen großen Lebensfragen, die der Gemeinschaft und die des Berufes, erscheinen in bedenklicher Weise einer Lösung entzogen. Ein gewisser Grad von Entmutigung, eine pessimistische Weltanschauung liegt der Ausbildung der ganzen Persönlichkeit zugrunde und bewirkt, daß alle Leistungen aus einem Schwächegefühl und nicht aus einem Gefühl der Stärke abstammen. Mängel in der Verträglichkeit, in der Kameradschaft, in der Freundschaft, in der Geselligkeit sind immer wahrzunehmen und lassen sich bis in die Kindheit zurückverfolgen. Der verminderte Kontakt mit den Menschen ist eine Tatsache von so weittragender psychologischer Bedeutung, daß alle Erkenntnisse einer »Tiefenpsychologie« oder einer »verstehenden Psychologie« sie nicht erschöpfen können. Auch durch äußere Erfolge eines solchen Patienten, die oft aus anderen als den eigenen Kraftquellen herkommen, darf man sich nicht täuschen lassen. Ebenso findet sich gelegentlich übertriebener Familiensinn oder ausschließliche Hinneigung zu einem der Elternteile als Folge der ängstlichen und vorsichtigen Ausschaltung der übrigen menschlichen Gesellschaft.

Im Einklang mit dieser »Distanz zur Front des Lebens« steht auch die Ausschaltung des normalen geschlechtlichen Partners und des normalen geschlechtlichen Verkehrs. Und die autobiographischen Äußerungen des Patienten, die immer bis in die Kindheit zurückreichen, verraten uns nicht, wie die Autoren meist annahmen, angeborene Triebrichtungen, sondern vielmehr ein altes, fehlerhaftes Training. Auch die normale Stellungnahme geht nur unter einem fortgesetzten Training vor sich, bei dem ununterbrochen Erlebnisse gesucht und die Phantasie beansprucht werden. Die Entwicklung zum Sadismus und Masochismus hat immer eine verständliche Vorgeschichte und geht unter mannigfachen Schwankungen vor sich. Nur das Ziel bleibt bestehen: die vorsichtige Ausschaltung und Entwertung der Norm. Innig damit verbunden ist der andauernde Versuch, sich gegen anfängliche Hemmungen abzuhärten, Anomalien oder auch Scheußlichkeiten liebzugewinnen und sie auszugestalten. So gestaltet sich mit der Zeit eine festgefügte Sicherung, eine Stütze und ein Rettungsbalken gegenüber der Norm, die über alles Maß zu gehen scheint. »In Flucht geschlagen, glaubt er zu jagen.« Zu diesem Zwecke geht die Entwicklung der Perversion den der Gesamtpersönlichkeit einleuchtendsten Weg. Wie wenig Kausalität oder gar angeborene Triebanomalie in diesen Ausdrucksformen steckt, zeigen uns die häufigen fließenden Übergänge aus Sadismus in Masochismus, aus Homosexualität in Masochismus oder Sadismus. In jedem Menschen sind Züge von Trotz und Gehorsam, von Herrschsucht und Unterwerfung zu finden, die dem Streben nach Geltung dienen. So erklärt sich das gemeinsame Vorkommen von Sadismus und Masochismus auf der Fluchtseite des Perversen.

Als weiteren, sichergestellten Befund müssen wir anführen: frühzeitige sexuelle Erregungen bei Erlebnissen und Phantasien, die den Affekt der Angst auslösen. Es scheint mir eine nicht zu leugnende Tatsache zu sein, daß die Angst nicht bloß die Nervenbahnen des Herzens, des Darmes, der Blase, der Schweißdrüsen usw., sondern auch des Geschlechtsapparates erregen kann. Wie mir scheint, betrifft dieser Zusammenhang nur einen bestimmten Typus der Menschheit oder hat nur bei ihm eine deutliche Ausprägung. Vielleicht liegt hier ein Minderwertigkeitszeichen vor, wie ich ähnliche in meiner »Studie über Minderwertigkeit von Organen« beschrieben habe. Die Plausibilität eines Zusammenhanges von Angst und Libido wird freilich den diesem Typus angehörigen Personen leichter einleuchten als anderen. Es ist aber eine starke Verlockung in diesem körperlich-seelischen Zusammenhang gelegen, sich in gefahrdrohende, verbotene Situationen zu begeben, sie in Wirklichkeit oder in der Phantasie heraufzubeschwören oder sich in eine Angstsituation eines anderen hineinzufühlen. Besonders ausgestaltet fand ich hierhergehörige Gedankengänge oft bei Mädchen, die sich gern die sexuelle Frauenrolle als ein Geschlagenwerden ausmalen, bei ihrer Phantasie verharren, der Verwirklichung aber unter allerlei Vorwänden aus dem Wege gehen. Der Sexualtrieb kann durch eifrige Übung an alle möglichen äußeren Situationen und Ziele angeknüpft werden, sobald das normale Ziel aus Furcht vor Niederlagen ausgeschaltet wird. Die hier betonte Schwachmütigkeit bei Perversen wird man uns betreffs der Masochisten gern glauben. Wir müssen für sie auch einstehen bezüglich der Sadisten. Immer sind Kinder oder Wehrlose die Opfer, immer bewegt sich ihr Sexualwunsch in der Richtung des geringsten Widerstandes.

Die FREUDsche Schule und ihre Vorläufer haben eine große Neigung, den Sadismus biologisch, als konstitutionelle Triebkomponente, dem männlichen Sexualtrieb verwandt und zugehörig anzusehen, ebenso den Masochismus als mit dem weiblichen Sexualtrieb »gekoppelt«. Seit den Romantikern (BADER z. B.) und noch länger ist es ein häufig geübter Brauch auch in der Wissenschaft – im Volke war dies immer der Fall –, in ein neutrales Geschehen Machttendenzen oder Sexualbeziehungen hineinzudeuten, ohne das eigene Vorurteil, die eigenen »unbewußten« Voraussetzungen ihrer Erwägungen, zu verstehen: daß alle menschlichen Ausdrucksformen in einem sozialen Zusammenhang stehen, und daß im Seelenleben immer das Streben nach Macht, nach Geltung und Sicherheit irgendwie zum Ausdruck zu gelangen trachtet. In ihrem Sexualleben aber antworten die Menschen auf die stets drängende Frage einer Stellung zur menschlichen Gesellschaft, zum anderen Geschlecht und zur Frage ihrer eigenen Geltung, immer liegt im Sexualverhalten die Linie klar zutage, wie einer zur Anpassung, zur Geltung, zur Anerkennung, zur Überlegenheit und Sicherheit zu gelangen trachtet, wie er sein Wertgefühl innerhalb der Gesellschaft und sub specie aeternitatis zu steigern sucht.

Bei einer bewußten Erfassung dieser Tatsachen ergeben sich folgende Einblicke. Sadisten wie Masochisten (wie alle Perversen) bewegen sich auf der Linie der Schwachmütigen. Erstere suchen wenigstens den Schein der Macht, einer heimlichen, oft unbewußten Übermännlichkeit in einer Situation unbestrittener Überlegenheit. Den Masochisten finden wir beim überbetonten Bekenntnis seiner Schwäche.

Letzteres kann im menschlichen Seelenleben niemals Endergebnis, niemals einen Ruhepunkt bedeuten. Der Masochismus weist stets über sich hinaus, drängt zur Ausschaltung der Norm oder setzt sich in den Sadismus fort und ist eine Verquikkung der Sexualität mit einem Gefühl der Erniedrigung, das Wert und Bedeutung der Sexualität zu fälschen trachtet, das aber Beruhigung darüber schafft, daß ernstere erotische Bindungen ausgeschlossen bleiben. Die Sehnsucht nach »Konfliktlosigkeit«[2] (SEIF) treibt sie auf diesen falschen Weg, das verminderte »Selbstwertgefühl und dessen Störungen«[3] (WEINMANN) erscheint in ihrer Perversion.

Aber selbst in dieser schwächlichsten Manifestation des Seelenlebens, die gelegentlich, wie bei der Flagellation, in Bußgedanken eine lächerliche Rechtfertigung sucht, im Masochismus, fehlt die kompensierende Linie nach aufwärts niemals. In ihr tritt aktiv abweichende Haltung gegen den Partner, dessen Stigmatisierung als Unterdrücker, Peiniger, Besudler offen zutage, immer auch Anklage und Verurteilung der Unterdrückung in der Kindheit, der Natur und der menschlichen Gesellschaft, die solche Mängel und Pein zulassen. Regelmäßig findet man auch kritisches, herabsetzendes Verhalten gegen die anderen und Tendenz zur Isolierung. Die Kompensation geht also in die Richtung einer Gehässigkeit.

Die aus der Individualpsychologie fließende Menschenkennt-

[2] Siehe S. LEONHARD SEIF, Die Zwangsneurose, in: Handbuch der Individualpsychologie, Bd. I, 1927, S. 507ff.

[3] In: »Internationale Zeitschrift für Individualpsychologie« 4. Jg. (1926), S. 69ff.

nis setzt uns bald in die Lage, eine weitere Kompensation ausfindig zu machen, derentwillen der Masochismus unmittelbar als scheinbare Machtposition erfaßt und »fixiert« wird. Der Partner verfällt nämlich dem Diktat des Masochisten und teilt sich mit ihm in der unsozialen, oft widerlichen Rolle.

Nun müssen wir aber auch der Versuche gedenken, die von anderer Seite gemacht wurden, um dem Rätsel Sadismus-Masochismus auf die Spur zu kommen, und damit allen anderen Perversionen. Am bekanntesten ist die aus der französischen Schule stammende Anschauung von der »Fixierung kindlicher sexueller Erlebnisse«. So verlockend sie auch erscheint, sie scheitert an der Frage, warum gerade dieses eine Erlebnis, nicht andere fixiert wurden. Oder, wie WEXBERG sagt: ein Kind, das derartige Erlebnisse fixiert und ausgestaltet, ist bereits neurotisch und zeigt im weiteren nur die Ausgestaltung zur Neurose.

FREUDS Hypothese, alle nervösen Erscheinungen, die Neurosen inbegriffen, seien Regressionen auf ein früheres biologisches Stadium der Sexuallibido, bezieht seine Kraft aus einem geschichtlichen oder physikalischen Vergleich: Zurückfluten einer Kraft (Libido) bei einem Hindernis (aktuellem Konflikt). Dabei werden, wie der Autor findet, alte Phasen der Libidoentwicklung (oder deren sexuelle, konstitutionelle Komponenten) neu belebt. Derartige Komponenten findet er als Sadismus und Masochismus auch.

Demgegenüber sind folgende Einwände gestattet:

1. Da jede Entwicklung in jeder Phase Gegenwart und Zukunft spiegelt, kann von einer Regression im Sinne FREUDS überhaupt nie die Rede sein. Es wäre sonst jeder psychische Akt Regression, da er immer auf Erfahrungen der Vergangenheit zurückgreift.

2. Eine Mischung von Aktivität und Passivität findet sich zu allen Zeiten in der menschlichen Seele und in allen Geschichtsperioden. Das Erleidenwollen (um später einen Vorteil zu gewinnen) liegt dem menschlichen Seelenleben, das mit Voraussicht begabt ist, ungemein nahe. Der starke Ausbau letzterer Neigung ist nur im Gefühl der Minderwertigkeit denkbar.

3. Die »Phasen« der Libidoentwicklung sind ganz an die äußeren Umstände gebunden und sind ihnen so sehr konform, daß man feststellen kann, es gibt keine andere erotische Bin-

dung und Lustsuche als die den äußeren Umständen und dem mangelhaft entwickelten Sexualtrieb entsprechende. Die Frage also, wie ein Kind zu einer Perversion kommt, läßt die Antwort zu: durch die Umstände. Wichtiger für die Neurosenpsychologie ist die Frage: warum bleibt einer bei seiner Perversion? Könnte es nicht sein, weil er bei einer normalen Lösung eine Niederlage befürchtet? Weil er fürchtet, nicht geliebt zu werden?
Die Algolagnie ist, wie wir hervorhoben, eine Ausdrucksform des starken Minderwertigkeitsgefühls und seiner irregeleiteten Kompensationen. Der Sadist ist der »triumphierende Besiegte«, der Masochist der geschlagene Sieger. Die äußere Situation der Algolagnie ist stets mit ängstlicher Aufregung, mit Gruseln und Furcht verknüpft. Der Sadist hilft dabei nach, indem er sich mit seinem Opfer identifiziert. Bei meinen Patienten konnte ich immer nachweisen, daß sich bei ihnen Angst und Aufregung anders oder sicher mehr wie bei anderen mit Sexualaufregung verknüpft. Dieser Typus ist es, der im Falle weitgehender Entmutigung der normalen Lösung der erotischen Frage ausweicht und seine Sexualerregung unter mildernden Umständen erzwingt, in gefahrlosen oder gefahrlos scheinenden Situationen, unter Vermeidung realer Gefahren, unter Arrangement der Angst in der Phantasie oder wie im Spiel. Begünstigt wird die Hinneigung zum Sadismus bei Kindern, die unter starkem Druck aufgewachsen sind und ein besseres Los anderer Kinder nicht vertragen können.
So sind auch wir, freilich in anderer Bedeutung, bis zu einem organischen Substrat vorgedrungen.
Die Therapie der Algolagnie ist eine schwierige Aufgabe. Sie wird, kurz gesagt, mit der individuellen Schablone des Minderwertigkeitsgefühls und der Schablone der Kompensationen zu rechnen haben, um sie zu zerstören. Sie wird sich aber auch heftig zu bemühen haben um die Behebung der eigenartigen Hypnose, die dem Patienten den Zusammenhang von Angsterweckung und Sexualerregung immer stärker trainieren läßt und ihm seine Eigenart als eine natürliche und deshalb unzerstörbare erscheinen läßt, während doch unser Kulturleben auf Schritt und Tritt die Ablösung und Umwandlung »natürlicher« Ausdrucksformen zugunsten gesellschaftlicher mit Erfolg erzwingt. Ohne Ermutigung des Patienten ist jeder Erfolg ausgeschlossen.

Auch die Jurisprudenz wird diesen Auffassungen Rechnung tragen und in Fällen von Strafbarkeit auf humane Überwachung und Heilung beantragen müssen.

2. Fetischismus[4]

Nach allen obigen Feststellungen bezüglich der Perversionen können wir uns nun kurz fassen. Das Charakteristische des Fetischismus wurde stets in der Überwertung eines Gegenstandes oder eines Körperteiles gesucht, der in der Norm der Erotik eine geringere Rolle spielt. Bei dieser Neigung kann alles und jedes zum Liebesobjekt emporgezaubert werden. Am häufigsten findet man als Gegenstände der Verehrung Anteile von Kleidungsstücken und Gebrauchsgegenständen. Aber auch die Überbetonung von Körperteilen, des Fußes, der Hand, der Augen, der Beine, der Linie des Busens usw. sind ungemein häufig und, wie man sieht, der menschlichen Liebesbeziehung nicht sehr fremd. Vielleicht hat jeder Liebende einen Fetisch (Augen, Haare, Gestalt), der nur deswegen nicht als absonderlich auffällt, weil er bei vielen zu finden ist und meist die Norm der Erotik nicht stört, sie nur begleitet oder steigert. So der Fetischismus derber Worte oder der Spiegelfetischismus, eines Parfüms usw. So wirken auf manche auch Verkrüppelungen, lasterhafte Personen, fremde Rassen und untergeordnete Personen.

Die Erklärungen der Autoren enden meist an dem Punkte, wo die soziale Bedeutung dieser Perversion beginnt. Die meisten betonen das Steckenbleiben in einer die Norm vorbereitenden oder begleitenden Phase. Man stellt ferner Psychopathie, Degeneration oder, wie die Psychoanalyse, eine sexuelle Konstitution samt Konflikten fest. Uns scheint der Gesichtspunkt wichtiger, was bei der Gelegenheit des Fetischismus geschieht. Da ergibt sich nun, daß durch die Verschiebung des sexuellen Akzents auf den Fetisch der Geschlechtspartner eine Herabsetzung erfährt, entwertet wird. Nicht mehr die Person, sondern ein oft ganz nebensächliches Detail erhält sexuellen Rang und Würde. Der

[4] Zusammenfassende Darstellungen: Krafft-Ebing, Havelock Ellis, Bloch, Allers, Freud, Adler, s. o. S. 90, Anm. 1.

Kampf der Geschlechter um ihre Überlegenheit zeigt auch im Fetischismus seine listigen Züge, bringt den Perversen in eine stärkere Abhängigkeit vom Nebensächlichen, in eine geringere von seinem Partner und endet mit einer Milderung seiner Furcht und seines Schwächegefühls gegenüber dem anderen Geschlecht. Der Fetischismus ist wie alle anderen Perversionen Ausdrucksform eines Minderwertigkeitsgefühls, das sich in einer irrigen, aber durch persönliche Erfahrungen und Training geleiteten Richtung zu kompensieren versucht.
Eine Verbindung des Fetischismus mit allen anderen Perversionen, mit Neurosen und kriminellen Neigungen, ist von diesem Aussichtspunkte leicht zu verstehen.
Ebenso ist es nicht verwunderlich, daß der Fetischismus vorwiegend bei visuellen Typen zu finden ist.
Die gleichen Wahrnehmungen können wir beim

3. Exhibitionismus[5]

machen, dessen passive Abartung, also eine noch stärkere Ausdrucksform der Entmutigung, in der Perversion des Voyeurs zu finden ist.
Den Begriff »Exhibitionismus« führte im Jahre 1877 LASÉGUE in die Wissenschaft von den Perversionen ein. Er umfaßt sexuelle Ausartungen, bei denen in schamverletzenden Entblößungen sexuelle Befriedigung gesucht und gefunden wird. Beide sind visuelle Typen, die über das Zeigen und Schauen in der Erotik nicht hinausgekommen sind oder zum mindesten diese Neigung gegenüber der Norm allzustark akzentuieren. Die Schwachmütigkeit und geringere Aktivität dieser Personen wird man auch in ihren übrigen Lebensbeziehungen leicht wahrnehmen können. Doch ist nicht ausgeschlossen, daß sie gegen Schwächere oft die Tyrannen spielen. Im Exhibitionismus steckt immer auch der Kampf gegen die Normen der

[5] Zusammenfassende Darstellungen: MOLL, in: Enzyklopädische Jahrbücher d. ges. Heilkunde, hg. v. R. EULENBERG, N. F., Berlin 1908; CRAMER, Die Beziehungen des Exhibitionismus zum Strafgesetz, in: Ärztl. Sachverst.-Zeitschr., Berlin 1897, S. 233; BOISSIER u. LACHAUSE, Perversion sexuales à forme obsédante, in: Arch. de neurol., 1893, Okt.; KRAFFT-EBING, Psychopathia sexualis, Stuttgart [17]1924; REIMANN, Exhibitionismus eines nicht erweislich Geisteskranken, in: Zeitschr. f. Medizinalbeamte u. Krankenhausärzte, Berlin, Jg. 1898.

Gesellschaft, und die Neigung, durch Entblößungen der eigenen Person Kinder zu erschrecken und zu verderben, durch Entblößung anderer diese herabzusetzen, weist dieser Perversion einen Platz dicht neben dem Sadismus an.
Bei Kindern, die sich im Aufruhr gegen ihre Erzieher befinden, kann man oft in der Phase des Suchens nach der Geschlechtsrolle und später weitgehende exhibitionistische Bewegungen und Akte beobachten. Mit Unrecht nur könnte man bei derartigen Entwicklungen von Perversionsneigung sprechen. Denn nichts ist dem Kinde so unzugänglich, ist auch unter so schwere Bedrohung und Strafe gestellt, als die Norm der Geschlechtsbeziehung Erwachsener. Was infolgedessen übrig bleibt an erotischer Betätigung, wird immer dem unbefangenen Betrachter analog einer Perversion erscheinen.
In gleichem Sinne erscheinen uns die exhibitionistischen Gelüste Unzurechnungsfähiger, während ein solcher Zug, wohl eingeordnet dem erotischen Erlebnis, als der Norm entsprechend erscheint. Bei Manie, Schizophrenie, progressiver Paralyse, Alkoholismus und Altersdemenz findet man oft infolge Wegfalls der Hemmungen des Schamgefühls, wohl auch infolge der Schwachmütigkeit, die zumeist den Irrwegen der menschlichen Seele zugrunde liegt, den Exhibitionismus als vorwiegende, äußerste Leistung der Erotik. Damit im Einklang finden wir verstärkte Äußerungen der Schau- und Zeigelust bei annähernd Normalen und innerhalb normaler Erotik, z. B. Spiegelung, infolge mangelhaften Selbstvertrauens als Zwang zur Demonstration.
Eine Therapie dieser Perversion hat immer auch neben einem Training in normaler Richtung eine Umwandlung der ganzen Persönlichkeit zu erstreben in der Richtung auf eine mutigere Stellungnahme zum Leben und zur Gesellschaft. Die suggestive Beeinflussung in diesem Sinne durch Kuren anderer Art ist insbesondere in leichteren Fällen im Bereich der Möglichkeit gelegen.
Als eine äußerste Form der Entmutigung und Verzweiflung an erotischen Möglichkeiten finden wir

4. Sodomie[6]

die Ausübung des Geschlechtsaktes mit Tieren, bei der die Ausschaltung des menschlichen Partners sich bis zum entwerteten Partner in Tiergestalt versteigt. Zwangslagen und Isolation können nach vorhergehendem gedanklichem und Gefühlstraining in perverser Richtung, nach Abhärtung also, diesen Irrweg erleichtern. Ebenso ausschließlicher Umgang mit gewissen Tieren. Imbezillität mit dem ihr anhaftenden Mangel menschlichen Gemeinschaftsgefühls kann solche Neigungen fördern.

5. Nekrophilie[7]

Auch bei dieser Perversion, bei der der Geschlechtsakt von Männern an toten Frauen verübt wird, läßt sich als Motiv der Hang nach völliger Wehrlosigkeit des Partners feststellen. Voraussetzung hierfür ist der Verlust des Glaubens an die eigene erotische Wirkung bei erhaltenem Geschlechtstrieb und der weitgehende Verzicht auf Gemeinschaft im Sexualgenuß. Fördernd wirkt bei diesen lebensfeigen Männern auch noch das beruhigende Gefühl mangelnder Verpflichtungen und Folgen. Die Anziehungskraft dieser Perversion liegt in dem leicht erreichbaren Gefühl der unumschränkten Herrschaft über den toten Partner.
Von hier aus ergibt sich ein Einblick in die Psychologie des Lustmörders, dessen erotische Befriedigung daran geknüpft ist, daß er als Herr über Leben und Tod, als ein Gott in der Karikatur, die Wehrlosigkeit seines Opfers genießt. Die psychologische Nähe zum Sadismus ist auffallend genug.

[6] Zusammenfassende Darstellungen: HABERDA, in: CASPER-LIMAN, Handb. d. gerichtl.-mediz. Leichendiagnostik, Berlin [5]1871; MASCHKA, Handb. d. gerichtl. Medizin, Tübingen 1881–82.
[7] Zusammenfassende Darstellungen: A. MOLL, in: EULENBURGS Enzyklopädie, a.a.O.; EPAULARD, Vampirisme, Lyon 1902.

Sexualneurasthenie[1]

Name und Abgrenzung stammen von BEARD. Die für die Neurasthenie durch lange Zeit festgehaltene Definition findet sich bei KRAFFT-EBING wieder: »Reizbare Schwäche der Nervenfunktion im Bereiche des Sexuellen.« Auch die andern Autoren sind über diese Definition nicht hinausgekommen, sofern sie die sexuelle Neurasthenie als selbständige Krankheit abgrenzen wollten.

Zur Ätiologie dieses Symptomenkomplexes findet man in der älteren Literatur wenig befriedigende Hinweise. Die Annahme einer neuropathischen Anlage deutet wenigstens auf eine Zusammenhangsbetrachtung, indem sie andere Seelenerscheinungen gleichzeitig in den Kreis der Erwägung zieht. Freilich nicht ohne das Problem in das Dunkel der allgemeinen menschlichen Degeneration zu verschieben. Noch weniger überzeugend wirken Angaben über Masturbation, Exzesse in venere, über abnormen Geschlechtsverkehr, coitus interruptus, sexuelle Abstinenz, vorausgegangene Gonorrhoë und Gemütserregungen. Alle diese als ätiologisch behandelten Faktoren lassen zumeist ihre Bedeutung als Symptome oder als Begleiterscheinungen erkennen, denn wer »sexuelle Neurasthenie« im Zusammenhang mit diesen Erscheinungen erwirbt, ist schon vorher neurotisch gewesen.

Der Symptomenkomplex der unter diesem Titel abgehandelten Erkrankung betrifft Schwäche der Erektion, Ausfall der Ejaculation, gehäufte Pollutionen im Schlafe, Pollutionen lange oder kurze Zeit vor der Kohabitation, ejaculatio praecox, Impotenz, Spermatorrhöe, lang andauernde Erektionen, schmerzhafte Empfindlichkeit der Glans, Schmerzen in der

[1] Zusammenfassende Darstellungen: ELLIS, Die Funktionsstörungen des Sexuallebens, in: Handb. f. Sexualwissensch., herausg. v. A. MOLL, 7. Hauptabschnitt, Leipzig 1912; ROHLEDER, Die Funktionsstörungen der Zeugung, Leipzig 1913; FREUD, Beiträge aus der Psychologie des Liebeslebens, 1910, 1912, 1917/8, abgedr. in: Studienausgabe, Bd. V., Frankfurt 1972, S. 185ff; ders., Zur Einführung des Narzissmus, in: Ges. Werke, Bd. VI, 1925 [nunmehr in: GW, hg. v. A. Freud, Bd. X, Frankfurt [5]1969, S. 137ff]; LÖWENFELD, Über sexuelle Konstitution, Wiesbaden 1911; ALLERS, Psychologie des Geschlechtslebens, in: Handb. vergl. Psychol., München 1922; ADLER, s. o. S. 90, Anm. 1, S. 895–899.

Harnröhre, bei Frauen Pollutionen im Wachen und im Schlafe, Frigidität und Vaginismus, bei beiden Masturbationszwang. Manche Autoren sind geneigt, alle Formen von Perversion zur sexuellen Neurasthenie zu rechnen.

Der Verlauf aller dieser Erscheinungen, die entweder bald oder auch spät nach der Pubertät in Erscheinung treten, ist, abgesehen von gelegentlichem Auftreten, meist langwierig. Das Leiden trotzt zumeist allen medikamentösen, hydropathischen und endokrinologischen Kuren, ist aber unter allen Umständen psychischen Beeinflussungen zugänglich. Um ein Verständnis dieser Leiden zu erlangen, wird es sich lohnen, sie alle unter einen gemeinsamen Gesichtspunkt zu bringen und festzustellen, daß alle sexuellen Neurastheniker ein im ganzen auffälliges Vorleben aufweisen. Als dessen entscheidendes Endergebnis läßt sich entnehmen, daß sie durch eine ungeeignete Stellungnahme zum Leben für die Liebe mangelhaft vorbereitet erscheinen. Auch in ihren anderen Lebensbeziehungen zeigt sich dieser Mangel, manchmal freilich nicht mit so auffallender Deutlichkeit. Immer handelt es sich um Menschen, die seit der Kindheit durch ihre seelische Überempfindlichkeit auffallen. Aus ihrem Charakterbild ragen Züge von Ehrgeiz, Eitelkeit, Ungeduld, Vorsicht und Ängstlichkeit stark hervor. Sie zeichnen sich durch kritische Neigungen, pessimistische Grundanschauungen aus, haben ihren Lebenskreis meist auffallend eingeschränkt und neigen zu einem Leben in Isolierung. Stimmungswechsel deuten auf ihre Schwäche, frohe Laune und Lebensmut festhalten zu können. Ihre von Zeit zu Zeit (»periodisch« nennen es die Autoren) durchbrechende Lebensfreude ist immer forciert und als Kompensationsversuch eines Minderwertigkeitsgefühls zu verstehen. KRETSCHMERS Versuch, Menschen mit dieser Verhaltungsweise als »Pykniker« von »Schizoiden« abzutrennen, ist unzulänglich, da er den gemeinsamen Untergrund, das gemeinsame Minderwertigkeitsgefühl und den daraus entspringenden nervösen Charakter übersieht oder zu leicht nimmt. Übrigens kommt es im Leben nie darauf an, was einer mitbringt, sondern was er daraus macht.

Bei diesem weitverbreiteten Typus von Menschen ist das Zutrauen in die eigene Kraft vermindert oder geschwunden. Die Stimmungslage, die daraus entspringt, und ihre Folgen lassen sich nicht materiell begründen, sondern nur psycholo-

gisch begreifen. Dies um so mehr, als uns Heilerfolge mit allen möglichen Mitteln, vor allem aber die Einsicht in den tieferen Zusammenhang und die großen, auf Ermutigung gerichteten Vorzüge der individualpsychologischen Behandlung davon überzeugen können, daß diese Übel nicht kausal begründet sind, sondern in einer irrtümlichen Haltung zum Leben wurzeln.
Unsere Erfahrungen zwingen uns, das Verständnis für jede der abnormen sexuellen Ausdrucksweisen aus dem Verständnis des ganzen Menschen herzuleiten, nicht etwa umgekehrt, wie es die FREUDsche Psychoanalyse lehrt. Man soll aber nicht übersehen, daß manche der oben genannten Leiden aus eingewurzelten Technizismen erwachsen, für die aus der Phantasie die erleichternde Grundlage geschaffen wurde, wie beispielsweise bei Pollutionen und ejaculatio praecox. Andere wieder, wie insbesondere Parästhesien, Hyperästhesien, schmerzhafte Sensationen und Spermatorrhoë, scheinen nach meinen Erfahrungen mit frustranen Erregungen und protahiertem coitus und ebensolcher Onanie in Zusammenhang zu stehen. Ich habe einige solcher Fälle beobachtet, bei denen bei solchem Abusus größere und kleinere Blutungen aus der Harnröhre auf einen Reizzustand in der hinteren Harnröhre schließen ließen. Auch für gehäufte und lang andauernde Erektionen besteht dieses Verdachtsmoment, das von andern Autoren auch als Erklärung der ejaculatio praecox herangezogen wurde. Man soll aber in diesen Fällen immer auch an unterstützende oder grundlegende psychische Zusammenhänge denken, wie bei ejaculatio praecox, bei der ich immer Hinweise auf nervöse Ungeduld und auf die Furcht vor einer intensiveren Bindung fand. Letzteres im Zusammenhang mit Furcht vor Nachkommenschaft konnte ich auch bei Mangel des Orgasmus und der Ejaculation beobachten.
Gehäufte Pollutionen und Zwangsmasturbation nach der Pubertät deuten in erster Linie auf Furcht vor der Frau; wir finden darin die erotische Ausdrucksform des Isolierten. In der Literatur finden sich gelegentlich Annahmen, als ob die letzte Ursache für solche Erscheinungen die Verliebtheit in den eigenen Körper, der Narzissmus (NAECKE), wäre. In Wirklichkeit ist diese Verliebtheit sekundär, Notprodukt, und kommt durch Ausschaltung anderer Sexualobjekte zustande. – Die gleichen Sexualformen können, wenn sie Beunruhigung

stiften, einen Wink für den Arzt bedeuten, durch sein Machtwort doch dem Zaudern des Patienten ein Ende zu machen und ihm den Sexualverkehr zu befehlen: es tritt die Absicht zutage, sich um die Verantwortlichkeit herumzudrücken.

Nebenbei: den Verkehr mit Prostituierten raten wir abzulehnen. Der Patient muß für honette weibliche Gesellschaft und für die Liebe erzogen werden. Der billige und feige Ausweg in die Prostitution erschwert diese richtige Lösung und leistet dem Minderwertigkeitsgefühl Vorschub.

Vaginismus, schmerzhafter Krampf der Scheidenmuskulatur, ist der körperliche Ausdruck für »Nein!« Die individualpsychologische Untersuchung ergibt in solchen Fällen Isolierungstendenzen, Abneigung gegen die Frauenrolle, die nicht über die Vorbereitungen hinaus gediehen ist, Furcht vor Verlust an Eigenwert, vor Herabsetzungen und Enttäuschungen. Brüskes Auftreten des Mannes und Schmerzen bei Kohabitationsversuchen, auch kleine Verletzungen am Scheideneingang können bei seelisch disponierten Frauen den Krampf auslösen oder steigern. Gelegentlich kann eine absonderliche Festigkeit des Hymens als auslösendes Moment in Betracht kommen.

Bei Vaginismus wie auch bei Frigidität kann die Klitorisempfindlichkeit, meist als Überbleibsel masturbatorischer Ansprechbarkeit, erhalten sein. Immer ist die Geschlechtskälte ein Zeichen von Leidenschaftslosigkeit gegenüber einem bestimmten Manne oder gegenüber allen Männern. Frigide Frauen »gehen nicht mit«. Die seelischen Ursachen sind die gleichen wie bei Vaginismus. Nur daß letzterer eine Defensive darstellt, Frigidität eine passive Resistenz. Man wird bei »kalten Frauen« auch in ihren sonstigen Lebensbeziehungen eine äußerliche Fügsamkeit finden, ein Geschehenlassen. Die Kälte kann von Anfang an bestehen. Sie kann aber auch bei eintretenden Enttäuschungen auf eine Zeit normalen Geschlechtsgenusses folgen. Die Befriedigung bei Verkehr mit einem andern Mann wird wesentlich gefördert durch die stürmische Absicht, die mangelhafte Eignung des früheren Partners zu erweisen.

Die Feststellungen der Individualpsychologie[2], vor allem ihre Nachweise über nervöse Symptome als Ausdrucksformen, haben zum Verständnis der Psychoneurosen viel beige-

2 Adler, Praxis und Theorie der Individualpsychologie [Fischer Taschenbuch Bd. 6236]; ferner in: Internationale Zeitschrift für Individualpsychologie, Jg. I-VIII.

tragen, soviel, daß sich heute keine neurologische Schule und kein praktizierender Arzt an neurologische Probleme heranwagen kann, ohne zu den individualpsychologischen Anschauungen Stellung genommen zu haben.

Es ist ein irreparabler Fehler, Symptome aus ihrem naturgegebenen Zusammenhang zu reißen und isoliert zu betrachten. Ein solcher, derzeit in der Neurosenpsychologie noch allgemein geübter Vorgang gleicht dem Beginnen, aus einer Melodie eine Note herauszuholen und einzeln zu betrachten. Für das Verständnis nervöser Erscheinungen ist ihr gesellschaftlich gegebener und sich gesellschaftlich auswirkender Zusammenhang strenge im Auge zu behalten.

Deshalb ist die wichtigste Frage bei allen nervösen Symptomen, die also jeder organischen Grundlage entbehren: was geschieht bei der Gelegenheit? Die Antwort im Falle der psychischen Impotenz lautet: die sexuelle Bindung wird ausgeschaltet. Frägt man den Leidenden nach seinen Absichten, so wird man hören, was jedes Lebewesen im Sinne trägt. Frägt man aber nach den Gegengründen, so vernimmt man mehr, als man sonst zu hören erwartet. Furcht vor Geschlechtskrankheiten, die schlechten »gegenwärtigen« Verhältnisse, Bedenken, ein unschuldiges Mädchen zu verführen, einer Verführerin zum Opfer zu fallen, – diese und hundert andere, an sich diskutable Gründe bilden die vorderste Reihe der Sicherungen, gegen die sich die Dialektik des Arztes als kraftlos erweist, solange er nicht unseren Standpunkt einnimmt: Geschlechtsverkehr ohne Liebe ist eine Unart, die Liebe ist das einzige sichere Mittel gegen Geschlechtskrankheiten, sie verhindert auch die andern schädlichen Folgen. Es kann nicht Aufgabe des Arztes sein, zu einer Unart zu erziehen, auch wenn er sie derzeit nicht aus der Welt zu schaffen vermag.

Nach dieser Erledigung gerät man auf die zweite Front der Sicherungen: die Furcht vor Blamage. Nach den landläufigen Grundsätzen der vereinfachten Menschenkenntnis (»Wer zuviel beweist, beweist zu wenig« usw.) stellt man die Sachlage richtig: diese Furcht vor einer Niederlage stellt ein viel bedeutsameres Motiv dar als die früher genannten. Sie ist so eigentlich der Provokateur der anderen Sicherungen. Solange sie besteht, ist der sexuelle Elan soweit ausgeschlossen, daß Wünsche, Gefühle und – Worte gar keine Bedeutung haben.

Ist demnach die individualpsychologische Auffassung, der Impotenz liege ein Minderwertigkeitsgefühl zugrunde, als erklärendes Prinzip über jeden Zweifel erhaben, insbesondere da sie auch therapeutisch einen unvergleichlich sicheren Standpunkt bietet –, so wird unsere Überzeugung (der Impotenz liege ein Minderwertigkeitsgefühl zugrunde) unerschütterlich, sobald wir nun wahrnehmen können, unserem Verdacht vorsichtig Folge leistend, daß die Impotenz als Krankheit überhaupt nur bei Menschen auftritt, die auch sonst in ihrem Leben die zögernde Attitüde aufweisen und mit gebremster Aktivität leben, sich gleichzeitig aber auch die höchsten Ziele stecken und zu einer Synthese gelangen: jeder Entscheidung auszuweichen, da sie gegen sie fallen könnte.

Eine solche Lebensform zeigt sich in einfachster Weise darin, daß mancherlei begonnen, aber nie etwas vollendet wird, daß der Anschluß an die Menschen mangelhaft und schwer sich vollzieht, und daß die Liebesbeziehungen immer nur mangelhaft gedeihen.

Ich habe für alle Verhinderungen, Lähmungen, Hemmungen und Symptome der Neurosen, die der Lösung der Lebensaufgaben hindernd oder erschwerend im Wege stehen, gezeigt, daß sich, wenn man von ihnen gänzlich absieht, aus der richtig erkannten Persönlichkeit des Patienten eine ganze Reihe von Gedankengängen, Haltungen und Ausdrucksformen finden lassen, aus denen die gleichen Verhinderungen hervorgehen könnten wie aus den Symptomen. Nur daß diesen seelischen Bewegungen die Konsequenz abgeht, daß sie zu keiner dezidierten Haltung, zu keiner entschlossenen Bewegung führen. Aber anstelle dieser zu erwartenden Konsequenz tritt das Symptom, in unserem Falle die Impotenz, ein. Es ist, als ob durch die erwähnten seelischen Abhaltungen der nötige Elan geschwächt würde, als ob dem sehnlichst gewünschten Ziel der Sexualbefriedigung eine Anzahl von Gegengründen im Wege stünden.

Aber diese Gegengründe und das ihrer Stärke entsprechende Symptom sind durchaus nicht Zufälligkeiten, Gedankenlosigkeiten oder grundlose Schwächen. Sondern sie sind erwachsen aus der Schwachmütigkeit der ganzen Persönlichkeit, deren Endabsicht nach einer reibungslosen Überlegenheit, zumindest nach einem Zustand »absoluter Konfliktlosigkeit«

gerichtet ist[3]. In der sexuellen Impotenz zeigt sich die Schwachmütigkeit des Patienten auf einer der Hauptlinien des Lebens materialisiert, der Kranke weicht der Aggression aus, die er selbst sehnlichst wünscht, und während die Sprache des Mundes, während seine Gedanken und Wünsche seiner Sehnsucht Ausdruck verleihen, spricht sein Körper, sein Sexualorgan, eine andere Sprache, zeigen letztere die Ausdrucksform seiner Feigheit.

So erklärt sich auch die oft wechselvolle Gestaltung der Impotenz im Leben des Kranken. Unter gewissen, mildernden Bedingungen gelingt der Geschlechtsverkehr. So bei liebevollem, hilfsbereitem Entgegenkommen, bei Wegfall aller Konsequenzen, mit untergeordneten, niedriger stehenden Personen, mit jugendlichen, mit alten Frauen, unter Zuhilfenahme von körperlichen und seelischen Reizmitteln, nach freundlichem, geduldigem Zuspruch des Partners, in der Zeit bis zur Erwerbung einer Geschlechtskrankheit, bis zu einer Enttäuschung, nach Zuspruch des Arztes, nach Einnahme von Alkohol oder eines Medikamentes, bei Anwendung eines äußerlichen Reizmittels usw. Wieviel Spielraum dabei der Suggestibilität des Patienten, seiner Leichtgläubigkeit gegeben ist, geht auch daraus hervor, daß alle diese erleichternden Bedingungen ebenso oft versagen als nützen.

So ist es aber auch verständlich, daß die mannigfachsten Einwirkungen gelegentlich Erfolg haben und den Arzt wie den Patienten verleiten, an die Richtigkeit seiner Anschauung zu glauben. In der Tat ist es die vorübergehende oder dauernde Hebung des Mutes, gleichviel ob mit oder ohne Wissen des Arztes, der der Erfolg zuzuschreiben ist.

Immer jedoch wird man bei der psychischen Untersuchung dieser Patienten feststellen können, daß ihnen der Kontakt mit andern Menschen in jeder Richtung schlecht gelingt. Sie sind keine richtigen Mitmenschen, ihr Interesse für die gegenwärtige und künftige Gesellschaft ist ziemlich gering. Es scheint die natürliche Konsequenz ihrer Lebensanschauung, daß »ihr Samen ausgerottet wird«, – wenn sie ihre Stellungnahme nicht ändern.

[3] SEIF: s. oben S. 95, Anm. 1.

Pubertätserscheinungen[1]

Die Tatsachen der Pubertät verdanken ihre Auffälligkeit sowohl den körperlichen als den seelischen Reifungsvorgängen. Sie beginnen und enden bei Mädchen etwas früher als bei Knaben. Die organische Reifung betrifft sämtliche Organe und geht auch bei Schädigungen oder bei Verlust der Keimdrüsen vor sich, nur daß in letzteren Fällen die sekundären Geschlechtscharaktere eine mangelhafte Ausprägung erfahren. Die seelische Reifung kann durch unzweckmäßige oder mangelhafte Erziehung vorübergehend oder dauernd unterbunden werden.

Dichtern, Forschern und dem common sense sind vorwiegend zweierlei Ausdrucksformen aufgefallen, die einen zweifachen Standpunkt ermöglichen. Von der einen Seite werden wir auf Erscheinungen aufmerksam gemacht, die eine erhöhte Leistungsfähigkeit, qualitativ und quantitativ gesteigerte Kräfte verraten. So die soziale und berufliche Einordnung, die Fähigkeit des abstrakten Denkens, die Tendenz nach Ergänzung, der Antrieb zu sozialer und geschlechtlicher Vereinigung, Entdeckung oder Festigung des Ichs, Entstehung eines Lebensplans, Hineinwachsen in Betätigungsgebiete. Auch der Hang zum Idealismus, Eroberung einer Weltanschauung, Eroberung der Innenwelt, Idealisierung und Vergeistigung der Erotik und Stellungnahme zu den Werten des Lebens wird vielfach hervorgehoben.

Alle diese Erscheinungen treten plastisch hervor, sobald man als Aussichtspunkt die vorangegangene Kinderzeit wählt und die Maßstäbe der Kindheit an die reifende Jugend von 13–21 Jahren heranbringt.

Legt man dagegen Maßstäbe der Erwachsenen an diese Zeit, so müssen die Mängel stärker in die Augen fallen. Ungeschicklichkeiten und Ungelenkigkeit, durch die mangelnde Vertrautheit mit den größer und stärker gewordenen Bewe-

[1] Zusammenfassende Darstellungen: CHARLOTTE BÜHLER, Seelenleben der Jugendlichen, Jena [2]1923; STANLEY HALL, Adolescence, New York 1918; EDUARD SPRANGER, Psychologie des Jugendalters, Leipzig 1925. OTTO TUMLIRZ, Die Reifejahre, Leipzig 1924; ALFRED ADLER, Praxis und Theorie der Individualpsychologie, München [4]1930 [Fischer Taschenbuch Bd. 6236].

gungsorganen verursacht, fallen auf, ebenso gelegentlich Schüchternheit und Scheu in ungewohnten Situationen, Trotz, kritisches und skeptisches Verhalten, oft auch übertriebenes Geltungsstreben, Ekstase und Faszination, Überschwang, ein Berauschtsein von Phrasen und Schlagwörtern, als ob damit die Lösung der Lebensrätsel gelingen müßte, eine absprechende Stellungnahme gegenüber früher angenommenen Werten, prinzipielle Opposition und Widersetzlichkeit gegen Zwang, die sich auch gegen kulturelle Werte richtet, kennzeichnet diese Phase, in der sich auch Ausartungen und Ausschweifungen aller Art einstellen als durchbrechender Protest und offene oder heimliche Revolte gegen das Minderwertigkeitsgefühl aus der Kindheit.

So scheint sich das Leben in der Pubertät mehr oder weniger scharf gegen die übrige Gesellschaft abzugrenzen, oft so scharf, daß manchen ein eigenes Recht und eine eigene Lebensform der Jugend in dieser Zeit als natürlich vorkommen. In den letzten Jahrzehnten treten Jugendorganisationen besonders auf deutschem Boden hervor, deren positiver Wert wohl im Zusammenschluß sichtbar ist, deren Kulturfeindlichkeit aber gelegentlich in ihrer Isolierung, in ihrer kämpferischen Stellungnahme gegen die »Elternschaft« und in ihrer Flucht vor dem weiblichen Geschlecht hervortritt.

Eine unbefangene Betrachtung wird in der Zeit der Pubertät keine wesentlich neuen Kraftlinien entdecken. Alle hierher gehörigen Erscheinungen lassen sich zwanglos als fortgeschrittene Entwicklungsstadien erkennen, die ihre Vorbereitung in der Kindheit erfahren haben. Die Pubertätszeit mit ihrer Annäherung an die Front des Lebens, mit ihrer Reifung der Organe und mit ihrem Komplex gesteigerter körperlicher und seelischer erotischer Forderungen steht wie in einem Experiment den Zukunftserwartungen gegenüber. Die reifenden Kinder beziehen nun jene Stellung zum Leben und seinen gegenwärtigen und zukünftigen Forderungen, die durch ihre bisherige Schulung zu erwarten ist. In der gesellschaftlichen und mitmenschlichen Frage, in der Beziehung des Ich zum Du, gelangen kameradschaftliche, freundschaftliche, weltanschauliche Züge zum Vorschein oder deren Widerspiel, je nach der Entfaltung des Gemeinschaftsgefühls, das in der Kindheit gewonnen wurde. In der Richtung der Berufsergreifung merkt man Bewegungen der Annäherung oder der Ausreißerei, beides in dem Ausmaße, wie stark oder wie schwach der Glaube an die eigene Kraft gediehen ist. Die in früheren Jahren vorgenommene Wertung und Anschauung der Erotik, das erotische Ziel von früher, wird in der größeren Ungebundenheit und Freiheit, bei größerer Toleranz der Erwachsenen in den Bewegungen des Jünglings und des Mädchens um vieles deutlicher, und auf alle diese und andere Fragen der Pubertät erfolgen Antworten, die einer von langer Hand her angesponnenen Lösung näher kommen und niemals die Einschläge des bisher entwickelten Gemeinschaftsgefühls, des Geltungsstrebens und von Minderwertigkeitsgefühlen vermissen lassen.

Die mangelhaften Vorbereitungen aus der Kindheit bestehen zum größten Teil in unvollkommener Schulung fürs Leben, sei es in sozialer, beruflicher oder erotischer Richtung, und in einer Vernachlässigung eines selbständigen und selbstbewußten, mutigen Charakters. Das Leben in unserer Kultur erfordert Schulung und eine optimistische, entschlossene Haltung. Andernfalls sind Konflikte und Widersprüche unausweichlich. Sie zeigen sich bereits im Kindesalter, in der Schule, in der Familie, gegenüber den Kameraden und wirken gerade auf die Unselbständigen wegen deren größerer Empfindlichkeit und Unentschlossenheit verderblich, indem sie sie beharrlich in die Richtung eines vermeintlich geringeren Widerstandes drängen. Man findet dann häufig in der Pubertät, nahe der Front des Lebens, wo die Entscheidungen zu treffen sind, heimliche oder offene Abbiegungen von kulturellen Wegen, deren Sinn unzweideutig dahin gerichtet ist, einer Erprobung auszuweichen.

Hat man diesen Aussichtspunkt einmal gewonnen, unangenehm auffallende Gärungen der Pubertät als Kompensationsversuche, aus einem Schwächegefühl entsprungen, verstanden, dann löst sich vieles von dem, was man als Pubertätserscheinung, als Auswirkung der Pubertät, angesehen hat, in den Effekt einer fortschreitenden aber mangelhaften Entwicklung gegen das reife Alter hin, auf. Bei der fast allseits mangelhaften Vorbereitung im Kindesalter ist es nicht weiter verwunderlich, daß die Probe der Pubertätszeit zu Konflikten Anlaß gibt. Bei der fast allgemeinen E n t m u t i g u n g der Jugend, an der die Mutlosigkeit großer Volksschichten, die Erziehung zur Feigheit, Verzärtelung oder Lieblosigkeit und die Belastung durch allzu große Erwartungen für die Zukunft die Hauptschuld tragen, ergibt sich im weitesten Ausmaße eine große Neigung zu Vorwänden, Ausreden und Ausflüchten gegenüber drängenden Forderungen.

Besondere Aufmerksamkeit verdienen die häufigen Bestrebungen, durch aufgepeitschte Konfliktssteigerungen Vorwände für die Flucht vor sozialen, beruflichen und Liebesfragen zu arrangieren. Nicht aus Stärke, sondern aus Schwäche kommt es da oft zu Lebensformen, die eine Mimikry bedeuten und Stärke vortäuschen sollen. Es entbrennt ein oft sinnloser Kampf innerhalb der Familie, wertlose Kämpfe gegen wirkliche oder eingebildete Autoritäten ziehen alle verfügbaren Kräfte auf sich, Haß, Ekel und Interessenlosigkeit gegenüber beruflicher Tätigkeit entspringen meist der Furcht vor Niederlagen, und die normale Liebesfähigkeit wird künstlich unterbunden durch ein andauerndes Training in der Richtung auf Perversionen, weil dort die eigene Überlegenheit sicherer gewahrt zu sein scheint. Ein tendenziös angefachter Ich-Kultus deutet auf die störende Drosselung des Gemeinschaftsgefühls, führt zu schädlicher Isolierung und ist stets in Verbindung mit Überempfindlichkeit und maßlosem Ehrgeiz, die immer wieder Anlaß zu Konflikten und zu stärkerer Isolierung geben.

In dieser kritischen Lage stellen sich als Zeichen der Rückwärtsbewegung zahlreiche nervöse Symptome ein, wie Zwangsneurosen, Hysterie, Neurasthenie, Angstneurosen und als Bild des völligen Zusammenbruchs das jugendliche Irresein. Auch der Weg in die Verwahrlosung und zum Verbrechen ist bei aktiveren Elementen, ebenso wie die Prostitution, Ausdruck der Entmutigung gegenüber der normalen Rolle. Die Selbstmordziffern beginnen in der Zeit der Pubertät zu steigen, da der Hang zu mutlosen, aber rachsüchtigen Lösungen von Konflikten innerhalb dieses Typus leicht die Oberhand gewinnt.

Neben diesen unangenehm bemerkbaren Erscheinungen der Pubertät findet man immer auch gesteigerte Werte. Es zeigen sich Fortsetzungen und Fortschritte in allen möglichen Leistungen und Leistungsfähigkeiten. Die Selbständigkeit, die Verläßlichkeit, das Zusammengehörigkeitsgefühl treten stärker hervor. Lange geübte Vorbereitungen und Geschicklichkeiten äußern sich auch als erhöhtes Interesse, und der dauernde Erwerb von Fertigkeiten und deren Steigerung geben dem Leben des reiferen Menschen eine bestimmtere Richtung in bezug auf Tätigkeit und Beruf. Während scheinbare Begabungen für die Kunst und Wissenschaft in dieser Zeit oft verschwinden, steigert sich in anderen Fällen das schöpferische Können zu verblüffender Originalität. Die bisher gewonnenen Lebensformen treten mit wachsenden Kräften und im Kampfe um die Selbständigkeit in deutlicheren Umrissen zutage, und leitende Ideale, meist noch in Anlehnung an Gesehenes, Gehörtes und Gelesenes, weisen auf den Sinn des zukünftigen Lebens, das sich hier entfaltet.

Psychische Einstellung der Frau zum Sexualleben[1]

Unverrückbare Grundlagen zur Untersuchung dieser Frage sind nicht leicht zu finden. Der wissenschaftlichen Richtung unserer Tage entspräche es zumeist, die Sprache des Blutes zu studieren, aus der Wertigkeit der endokrinen Drüsen und ihrer Korrelationen Schlüsse zu ziehen und anzunehmen, daß bei einem richtigen Bestand körperlicher Bedingungen das Idealbild eines sexuellen Verhaltens zustandekommen müßte.

Aber schon an dieser Stelle erhebt sich die Frage: Welches Idealbild schwebt uns vor, wenn wir wägen und messen? Ist das Ziel einer sexuellen Entwicklung der Frau nur von der Eignung ihrer Keimdrüsen, deren Hilfen und ihren Gegnern abhängig? Welches ist die Voraussetzung des Richters über Gut und Schlecht? Sucht er die größte Glücksmöglichkeit, den stärksten Kinderreichtum, das Ausleben der Triebe? Verlangt er die Gleichwertigkeit beider Geschlechter oder die Unterordnung des einen unter das andere?

So viele Fragen, so viele Ziele der Entwicklung der Frau, so viele Forderungen nach sexuellen Lebensformen. Die Literatur über dieses menschlichste Problem ist ungeheuer groß. Mehr Licht als die wissenschaftlichen Arbeiten aus diesem Gebiet, die von einer ungeheuren Flut pseudowissenschaftlicher Albernheiten begleitet sind, verbreiten die Werke der Dichter, Schriftsteller, Maler und Bildhauer. Von der Bibel über die Sagen und Märchen bis zum modernen Roman und Drama, in der lyrischen Dichtung von Männern und Frauen findet sich das erotische Problem berührt oder ausgestaltet. Und da Kunst bis auf den heutigen Tag fast ausschließlich Männerwerk ist, ebenso wie Wissenschaft, spiegelt sich in

[1] Zusammenf. Darst.: HEYMANS, Die Psychologie der Frauen, Heidelberg 1910; WEININGER, Geschlecht und Charakter, Wien ^{17}1918; VAERTING, Wahrheit und Irrtum in der Geschlechtspsychologie, Karlsruhe 1923; J. ST. MILL, Die Hörigkeit der Frau, Berlin 1869; SCHIRMACHER, Die moderne Frauenbewegung, Leipzig 1905; E. KEY, Über Liebe und Ehe, Berlin 1904; MOEBIUS, Über den physiologischen Schwachsinn des Weibes, Halle ^{5}1903; BACHOFEN, Das Mutterrecht, Stuttgart 1861; ASCHNER, Die Konstitution der Frau und ihre Beziehungen zur Geburtshilfe und Gynäkologie, München 1924; LIEPMANN, Psychologie der Frau, Wien ^{2}1922; SELLHEIM, Das Geheimnis vom Ewig-Weiblichen, Stuttgart ^{2}1924; DEUTSCH, Psychoanalyse der weibl. Sexualfunktionen, in: Intern. Zs. f. Psychoanalyse, Jg. XI (1925); ADLER, s. o. S. 90, Anm. 1, S. 89–97.

ihnen vorwiegend das Wissen des Mannes um die Frauenseele. Nicht selten aber bleiben starke, ungelöste Reste und gemahnen uns an das Bekenntnis alter und neuer Rätselrater: »Das Weib ist ein Rätsel!«

Der männliche Einschlag bei den Urteilenden ist sicher ein Übelstand und erniedrigt nicht selten die Frau in der Betrachtung zum Objekt des Mannes oder der weiblichen Triebe. Über die Aufgabe, schön zu sein und Kinder zu gebären, sehen die Betrachter meist nicht hinaus. Dazu werden die auffallenden Mängel an Charakter, geistiger Freiheit, objektivem Streben, Fähigkeit für das Erwerbs- und öffentliche Leben so stark hervorgehoben, daß die Daseinsberechtigung der Frau nahezu nur in der Liebe und in der Sorge für die Nachkommenschaft gefunden wird. Dieses Urteil greift ungemein stark in die Mentalität der Frauen über. Zumeist findet man, daß auch sie mit männlicher Stimme reden und sich in die vom Manne ihnen zugewiesene Rolle zu fügen scheinen. In übertriebener Revolte zerfleischt GEORGE SAND dieses System mit den Worten: »Die Tugend der Frau, – das ist eine gute Erfindung der Männer!«

In der Tat drängt sich bei dieser Betrachtung der Gedanke auf, daß neben den körperlichen Grundlagen für die sexuelle Einstellung der Frau andere Einflüsse maßgebend sind, die den Ablauf der Erotik viel stärker modifizieren. Ganz allgemein dürfen wir hierher rechnen den Geist der Kultur, die Zahl oder Mehrzahl der Frauen und den großen Einfluß des Mannes mit seinem Vorrecht der aktiven Werbung, seiner stabileren ökonomischen Basis und seiner besseren Schulung im Wissen und Können. Soweit wir sehen, rechnet die Erziehung der Mädchen zur Frauenrolle unter allen Umständen mit diesen Faktoren und sucht eine Anpassung zu erreichen. Eine psychische Einstellung der Frau zu einer nur von ihrer Körperlichkeit abhängigen Sexualität, eine von allen anderen Faktoren isolierte Sexualität, ist höchstens bei Idioten oder Dementen zu finden. Sonst aber rechnet jede Form des Sexuallebens mit einer vorgefaßten und vorbereiteten Stellungnahme zum Liebesproblem.

Gewiß ist eines: die Sexualform der Frau ist keineswegs einheitlich und zeigt sich von mehreren Faktoren abhängig. Und wenn sich auch eine gewisse Einheitlichkeit zu verschiedenen Zeiten, an verschiedenen Orten, bei verschiedenen Völkern, in verschiedenen Altersstufen, ähnlich den Erscheinungen der Mode, feststellen läßt, so wird man sich doch leicht überzeugen können, daß trotz allen Scheins (»Es ist ihr ewig Weh und Ach aus einem Punkte zu kurieren«) der Gleichförmigkeit jede individuelle Stellungnahme schwerwiegende Differenzen aufweist. Wer etwa aus dem weit verbreiteten Wunsch, an den Mann zu kommen, auf eine wünschenswerte, gut geartete, weil gesellschaftlich notwendige Sexualbereitschaft schließt, der möge bedenken, wie durch die Einengung des Aktionskreises der Frau, durch Tradition, durch persönlichen Stolz, durch ökonomische Gründe die Wahl eines Partners ebenso nahegelegt wird wie durch sexuelle Impulse. Vielmehr sind letztere, bei aller organischen Grundlegung, entsprechend der Lebensform des Individuums und durch seine wahren Endabsichten lenkbar und wandelbar und können in den verschiedensten Richtungen trainiert werden. Die Spuren des Sexualtriebs aus den ersten Kinderjahren unterliegen bereits der Modellierung durch die umgebende Kultur und erhalten ihre Zähmung oder Aufpeitschung wie alle anderen Triebe durch individuell erfaßte Erlebnisse und Erfahrungen, die nicht nur aus dem Gebiet der Sexualität stammen. Wenn es einer Gesamterziehung gelingt, ein Mädchen zu einer ausgesprochen passiven Haltung im Leben zu bringen, so wird ihr erotisches Verhalten diesen passiven Zug aufweisen.

Wir sind nur im Einzelfalle imstande, alle diese Einflüsse festzustellen, die auf den erotischen Ausdruck einer Frau eingewirkt haben. Man kann bei seelischen Ausdrucksformen, wie der psychischen Einstellung der Frau zum Sexualleben, keine wirkliche Kausalität erwarten. Alle Organgefühle und Organimpulse, alle Erlebnisse passieren das Filter der Persönlichkeit und werden in einer individuellen Perspektive erfaßt. Vom Standpunkt eines Idealtypus aus gesehen, wird jede Verwertung obiger Faktoren, jedes Wertgefühl und dessen Auswirkung in mehr oder weniger irrtümlicher Weise entwikkelt. Je nach dem Ziel, das einer Frau für ihre Lebensführung vorschwebt, wird sie Annäherung, Werbung, inneren und äußeren Habitus eines Partners empfinden und werten. Die Erotik ist niemals reiner, tierischer Sexualtrieb, niemals, wie etwa SCHOPENHAUER gemeint hat, nur ein Lockmittel der Natur zum Zwecke der Fortpflanzung des Menschengeschlechts, sondern ein hochqualifizierter Anteil des menschlichen Gemeinschaftsgefühls, der die ganz Persönlichkeit widerspiegelt und so auch den Grad der Verknüpfung mit dem gesellschaftlichen Leben und die Vorbereitung zu einem Leben zu zweit.

Die individualpsychologische Forschung konnte feststellen, daß die Entwicklung der Liebesfähigkeit durch gewisse Bedingungen gefördert, durch andere bedroht werden kann. Entscheidend wirkt die Situation in der Kindheit und die rechtzeitige Festlegung des Mädchens auf seine zukünftige Frauenrolle. Der Glaube an eigene Kraft, ein optimistischer Blick in die Zukunft, Kontaktfähigkeit den Menschen gegenüber, die Neigung Freude um sich zu verbreiten, ein unkritisches Zugehörigkeitsgefühl zum weiblichen Geschlecht und Achtung vor der Frauenrolle sind immer förderliche Elemente. Unkenntnis der eigenen Frauenrolle oder Schwankungen durch einige Jahre der Kindheit, starke Verknüpfung an eine einzige Person der Familie, allgemeine Schwäche- und Minderwertigkeitsgefühle, ein lieblose Erziehung, Mißtrauen gegen sich und andere, Häßlichkeit aber auch Schönheit, vor allem Verachtung der Frau können unter allen Umständen die Vorbereitung zur Liebe stören.

Von größter Wichtigkeit ist die Situation des Mädchens in der Kindheit. Eine schlechte Ehe der Eltern, Roheit, Trunkenheit und Leichtsinn des Vaters, auch offen gewordene Untreue desselben lassen Töchter solcher Väter zeitlebens das gleiche Schicksal der elend gewordenen, tief gekränkten Mutter befürchten. Ihr Verhalten Männern gegenüber wird selbst bei bester sexueller Konstitution niemals von Mißtrauen, Bedenken, Hemmungen frei sein. Ihr Ziel und ihre Endabsicht, keine Erniedrigung zu erleben, die sie doch in der Frauenrolle als sicher voraussetzen, zwingt sie zu deren Ausschaltung und bringt in ihr ganzes Leben und in ihre Haltung zum Manne ein System von Sicherungen, die wir als Hemmungen, nervöse Symptome und Perversionen wiederfinden. Parallel laufend mit diesen Erscheinungen finden wir Weltanschauung, Logik, Gewohnheiten und Training des Sexualtriebes, ja den ganzen Verlauf des Lebens in eine dem Manne abgewandte Richtung gedrängt. Je nach der Artung der Persönlichkeit, die in den ersten Kinderjahren bereits erwächst, je nach den Erfahrungen und der mehr oder weniger irrtümlichen Perspektive wandelt sich das natürliche Endziel der Erotik in ein Ersatzziel.

Dieses Ersatzziel[2] liegt immer im Gebiet des Nebensächlichen (Perversionen aller Art und Akzentuation irgendwelcher Details aus der Erotik) oder erfüllt nur einen Teil derselben (Frigidität), zeitigt Furcht vor dem Manne, Gleichgültigkeit oder Ekel oder hat einen männlichen Einschlag und führt im Sexualleben sowie im ganzen modus vivendi zu einer Männerrolle. Diese teilweise oder starke Abwendung von der Frauenrolle äußert sich auch charakteristisch. Abneigung gegen das Gebären und gegen das Stillen sind häufig, in milderen Fällen kann aber auch das Kind im Gegensatz zum Manne zum ausschließlichen Endzweck werden. In den meisten hierhergehörigen Fällen verhindern nervöse Symptome aller Art die harmonische Entwicklung der Erotik. Auch in der Prostitutionsneigung und in übertrieben polygamen Tendenzen zeigt sich der *Widerwille gegen die Frauenrolle*. Ein sprechender Ausdruck für diese Ablehnung ist auch der Vaginismus.
Wenn wir einen einheitlichen Gesichtspunkt suchen zum Verständnis aller dieser der Frauenrolle abträglichen Erscheinungen, so finden wir ihn in der Unzufriedenheit der Mädchen mit ihrer sozialen Stellung in der Kultur, genährt durch das wirkliche oder scheinbare Übergewicht des Mannes und die daraus erwachsende Kampfstellung, die alle Grade zeigt, angefangen von offener Revolte bis zur stumpfen Ergebenheit. Der Drang nach Änderung dieser Lage zeitigt alle Ideale von Gynaikokratie und Emanzipation und artet im persönlichen Leben zu hundert Formen des »männlichen Protestes« aus. KANT weist in seiner Anthropologie auf die gleiche Erfahrung hin, und HERDER fand in seiner Sammlung von Brautliedern aller Zeiten und Völker durchweg nur solche traurigen Inhalts. Auch der allgemein verbreitete Aberglaube von der Minderwertigkeit der Frau, der nahezu vollkommene Ausschluß von den höchsten Leistungen der Wissenschaft und der Kunst, Erscheinungen, die ihre Gründe teils in mangelhafter Vorbereitung, teils in der männlichen Artung künstlerischer Ausdrucksformen haben, – im Tanz und in der Schauspielkunst erreichen Frauen oft die höchsten Gipfel –, wirkt allgemein verbitternd und frühzeitig entmutigend. Kein Wunder, daß so häufig die Unzufriedenheit mit der weiblichen Rolle zu Äußerungen männlicher Mimikry in Mode, Wünschen und Phanta-

2 ADLER, Über den nervösen Charakter [Fischer Taschenbuch Bd. 6174, z. B. S. 187].

sien, in der Lebensführung und in der Erotik führt, kein Wunder, daß nach den Schätzungen erfahrener Ärzte die Zahl der frigiden Frauen trotz einwandfreier sexueller Konstitution um die 70% beträgt.

Neben allen diesen Gegengründen, die einer freien Entfaltung der Sexualität in der Richtung einer gesellschaftlichen, kulturellen Ausdrucksform im Wege stehen, aber mit ihnen meist in untrennbarer Verbindung, bedeutet die mangelhafte oder schlechte Vorbereitung zur Liebe ein schweres Hindernis für die Harmonie in der Erotik. Das allseits vorhandene gegenseitige Mißtrauen, die übergroße Sehnsucht, die Neigung, dem Partner über den Kopf zu wachsen und die Furcht, ihm unterlegen zu sein, hindern die unbefangene Hingabe und vergiften die Liebesbeziehung. Weniger schöne Mädchen fürchten die rasche Erkaltung des Gatten, schöne Frauen fühlen sich bedrückt, glauben bloß Sexualobjekt zu sein und finden ihre menschliche Würde beleidigt, was oft durch Junggesellengewohnheiten des Partners, durch schlechte Führung des Geschlechtsverkehrs oder durch Mißverstehen der Eigenart der männlichen Sexualität gefördert werden kann. Ungeschicklichkeit, Brutalität oder Verletzungen der seelischen Empfindlichkeit beim ersten Verkehr können zu dauernder Verstimmung führen. Ebenso eifersüchtige Einschränkungen der Bewegungsfreiheit im Beginne der Ehe und Schwängerung gegen die Verabredung oder gegen den Willen der Frau. Schreckende Erlebnisse in der Kindheit, furchterweckende Vorurteile über Schmerzen und Gefahren der Frauen sind auch nicht geeignet, das Minderwertigkeitsgefühl zu lindern. Die Entwicklung des Sexualtriebs aber drängt im Verlauf jeweils geweckter Impulse zu autoerotischen, onanistischen Handlungen. So kann es früher oder später, infolge von Verführung oder auf eigenen Wegen, von der Umgebung und von der Kultur des Kindes teils gehemmt, teils gefördert, zu masturbatorischen Befriedigungen kommen, die, an sich unschädlich, doch wieder Anlaß geben können zu einem Training in der Richtung der Autoerotik, die auch, weil sie wie ein allzeit bereites Ventil die sexuelle Spannung jederzeit vermindern kann, die Entwicklung der normalen Erotik und ihrer Auswirkungen hindert und deren Gegengründe namhaft verstärkt.

Der Gegensatz der hier vertretenen Anschauung zu der der

»Somatiker« ist scheinbar sehr groß. Hier stehen im Vordergrund der Betrachtung Kulturschwierigkeiten und -fehler, schlechte Führung und mangelhafte Vorbereitung; die Konstitutionalisten schlagen diese Faktoren gering an oder lassen sie als Folgen innersekretorischer Mängel erscheinen. Demgegenüber würden wir folgendes hervorheben:

1. Auch der bestgeartete Organismus kann infolge von Fehlern und Irrtümern fehllaufen.

2. In gewisser Hinsicht erscheint in unserer Anschauung die Minderwertigkeit von Organen und der innersekretorischen Drüsen genügend berücksichtigt, freilich immer in einem wichtigeren Zusammenhang als einem rein organischen, nämlich: wie sich diese Minderwertigkeit auswirkt im Verhältnis zu den Forderungen der jeweiligen Kultur und wie sie das Selbstwertgefühl beeinflußt und zu einer niederen Selbsteinschätzung führt.

3. Das körperliche und seelische Training, das im Falle einer gemeinschaftswidrigen sexuellen Haltung der Frau entsteht, bringt im Seelenleben andere Wertungen und Interessen zum Vorschein und verändert immer auch sekundär die organische Grundlage der sexuellen Funktion, aus deren Beeinträchtigung sich neue Erschwerungen ergeben. Die funktionsfördernden Reize der Außenwelt werden abgehalten, Impulse des Organs werden aufgehalten oder verschoben, das Organ wird in einen künstlichen Ruhezustand versetzt und kann durch die zwangsweise geänderte Lebenshaltung noch weiter geschädigt werden. Beim »Hungerstreik« von Mädchen beispielsweise, der vielleicht immer aus »männlichem Protest« in der Ablehnung der Frauenrolle eingeleitet wird, schwindet im Laufe der extremen Abmagerung die Substanz der Keimdrüsen und anderer Drüsen mit innerer Sekretion, aber vorher schon wird der Sexualapparat durch die Füllung des seelischen Apparates mit Ernährungs- und Entleerungsinteressen seelisch ausgeschaltet.

So ist es denn begreiflich, daß alle sogenannten »weiblichen« Züge in äußerstem Maße dem sozialen Kräfteverhältnis zwischen Mann und Frau unterliegen, ihm ihren Ursprung verdanken, von ihm modelliert und zerstört werden können. Selbst die scheinbar eingeborenen Züge, wie Erwartung des Bewerbers, Passivität, Zurückhaltung, weibliches Schamgefühl, Mütterlichkeit, Monogamie unterliegen, viel mehr als

anerkannt wird, dem Zuge der Zeit und werden durch das Endziel dirigiert. Angedeutete Züge von Exhibitionismus, meist durch die Mode gerechtfertigt, sind noch als neutral zu werten, deutlichere Ausdrucksformen verraten wohl schon den aktiveren Charakter.
Im Zusammenhang damit und mit der Entwertung des Partners findet man häufig fetischistische Überschätzung von Nebensächlichkeiten, die für die Liebeswahl oft ebenso starke Schranken setzt wie ein Idealbild des Partners. An beiderlei Forderungen und noch weiteren kann jede Vollendung scheitern. Oft sind sie nur schlecht verstandene Vorwände, um jede Wahl zum Scheitern zu bringen. Sonst finden wir die Liebeswahl, immer auch einer Selbstbeschränkung des Sexualtriebes und seines Überbaues entsprechend, den mannigfachsten Beweggründen gehorchen. Die Eindrücke der ersten Kindheit, das Bild des Vaters, der Brüder, des eigenen Volkes sind oft in hohem Grade mitbestimmend. Immer wird die Liebeswahl, solange sie uneingeschränkt vollzogen wird, den Eigenarten, Fehlern und Vorzügen der persönlichen Stellungnahme restlos entsprechen. Geradliniges Kraftgefühl, selten zu finden, wird gleichgearteten Männern den Vorzug geben, heimlich nach der Überlegenheit schielende Mädchen fühlen sich zu Schwächlingen, zu Krüppeln oft hingezogen oder wählen unter ihrer sozialen Sphäre. Auch die Wahl nahestehender oder blutsverwandter Partner deutet auf ein Schwächegefühl. Ebenso die Hinneigung zu wesentlich älteren oder wesentlich jüngeren Männern. Öfters wird eine mütterliche Linie in unfruchtbarster Weise verstärkt, zielt auf die Rettung oder Erhebung verkommener Partner und versucht die Gesetzmäßigkeiten der normalen Erotik zu verdrängen.
Lesbische Liebe, Verharren in sexuellen Phantasien, Masturbation und Pollutionen sind männlicher Protest und verraten uns die Furcht vor dem Manne und seine Ablehnung. Homosexuelle Träume sind nicht, wie in schädlicher Weise allgemein angenommen wird, Beweise einer Homosexualität, sondern die Zeichen des Trainings in eine falsche Richtung. Polygame Neigungen, übertriebener Flirt, Sucht sich zu kompromittieren, Kokottenphantasien, übertriebenes und abschreckendes Schreien nach einem Mann weisen über sich hinaus auf den Versuch der Ausschaltung einer Ehe. Ehebruch ist immer das Zeichen einer Revolte gegen den Mann, ein Racheakt, der immer durch

zweckmäßig aufgestachelte Erotik verschleiert wird.
Die erste Menstruation gibt oft das Signal zum Kampfausbruch gegen die Frauenrolle, wenn eine mangelhafte Vorbereitung für dieselbe vorliegt. Häufig flammt der Widerstand bei jeder Wiederkehr von neuem auf. Schmerzen in dieser Zeit scheinen bei Abwesenheit organischer Gründe durch willkürliche Kontraktionen erzeugt zu sein, durch Bremsung des Blutabflusses, und der Unzufriedenheit und der Abneigung gegen das Geschehnis zu entspringen. Für diese Auffassung spricht auch, daß oft in der Ehe bei weitgehender Aussöhnung mit der Frauenrolle die Schmerzen verschwinden. Die weitverbreitete Anschauung, als ob die Menses Unreinheit oder Krankheit bedeuteten, auch von Ärzten häufig propagiert, drückt auf das Selbstbewußtsein der Frauen und bringt oft arge Mißstimmung hervor. Steigerung erotischer Gefühle (auch weil gefahrlos?) ist in dieser Zeit häufig.
Bei Frauen, die in der Jugend und Schönheit das nahezu einzige Gut der Frau erblicken, wird die Annäherung an die Menopause und diese selbst ein äußerst fataler, schicksalschwerer Zeitpunkt. Der letzte Rest ihres Glaubens an ihren Wert geht verloren. Oft versuchen sie ihn durch verschärfte Forderungen an ihre Umgebung, die aus Depressionen und verzweifelter Stimmung der alternden Frau erwachsen, wieder zu gewinnen. Manche stürzen sich durch ihre Erotik, die in dieser Zeit nicht verschwindet, aber allenthalben zurückgestoßen, verlacht, nicht ernst genommen wird, in zerstörende Konflikte. Die fehlerhafte Haltung zum Leben rächt sich an Mann und Frau.
Es ist keine Unterschätzung der organischen Grundlagen der Erotik, sondern eine notwendige Feststellung, wenn wir den überwiegenden Einschlag von individueller Stellungnahme in ihrer Richtung und in ihren Mängeln bloßgelegt haben.
Wenn wir die meist mangelhaft geleisteten Voraussetzungen nennen sollen, die zu einer gesunden psychischen Einstellung der Frau zum Sexualleben erfüllt sein müssen, so sind es folgende:

1. Frühzeitige Aufklärung über die Unwandelbarkeit der Geschlechtsrolle und Aussöhnung mit derselben.
2. Erzieherische Vorbereitung zur Liebe im Einklang mit dem Gemeinschaftsgefühl.
3. Achtung vor der Frauenrolle.
4. Bejahung des Lebens und der menschlichen Gesellschaft.

Psychosexuelle Haltung des Mannes[1]

Die wesentlichen Gesichtspunkte decken sich mit denen, die wir bei der Erörterung des Liebeslebens der Frau heranziehen mußten. Wir messen immer an einem uns vorschwebenden Idealtypus des Mannes und empfinden in letzter Linie die Differenzen entsprechend ihrer Tauglichkeit für das Zusammenleben der Menschen und für das Zusammenleben von Mann und Frau. Auch unsere Wertung der Eigenart eines Mannes ist unbedingt abhängig von diesen Voraussetzungen. Nur daß unsere Kultur seit alters her dem Manne stillschweigend oder offen Privilegien im Liebesleben einräumt, die sie der Frau zu versagen trachtet. Der größere Aktionsraum im Liebesleben des Mannes ist vor allem bedingt durch den ihm zufallenden größeren Aktionsraum im Leben überhaupt. Er wird ihm aber namhaft erleichtert durch das Freibleiben von den Schwangerschaftsfolgen der Erotik, durch die Rolle der aktiven Werbung, die ihm zufällt, und durch die Tradition, die eine ungeheure Macht darstellt.

Dazu kommt in gewissem Einklang mit obigen Bedingungen die laxere Herrenmoral des Mannes, dem die landläufige Sexualmoral keine so enge Grenzen zieht wie der Frau.

Der sexuelle Impuls des Mannes zeigt sich in variabler Stärke meist lange vor der Pubertät, kann aber im Knabenalter, in der Pubertät und später in mancherlei Fehlrichtung geraten. So wird das Verhalten eines Mannes zu den Fragen des Lebens immer auch seine Sexualentwicklung beeinflussen. Dies ist um so begreiflicher, als es ein feststehendes Maß des Sexualtriebes nicht gibt, und da seine Äußerungen durch mannigfache Einflüsse gesteigert oder vermindert werden können.

Schon in der Knabenzeit machen sich diese Einflüsse und die seelische Richtung in der deutlichsten Weise geltend. Die

[1] Zusammenf. Darst.: Fliess, Der Ablauf des Lebens, Wien 1906; Tandler, Die biologischen Grundlagen der sekundären Geschlechtscharaktere, Berlin 1913; Weininger, Geschlecht und Charakter, Wien ^{17}1918; M. Hirschfeld, Jahrb. f. sexuelle Zwischenstufen, Lpz. 1913/4; R. Müller, Sexualbiologie, Berlin 1907; H. Ellis, Die Psychologie des normalen Geschlechtstriebes, in: Handb. d. Sexualwiss., hg. v. R. Moll, Leipzig 1912; H. Rohleder, Die Funktionsstörungen der Zeugung, Lpz. 1913; Freud, Drei Abhandlungen zur Sexualtheorie [Fischer Taschenbuch Bd. 6044]; Adler, s. o. S. 90, Anm. 1, S. 808–812.

sexuelle Vorbereitung besteht zunächst in der Festigung einer zulänglichen Knabenrolle, in einem wachsenden Verständnis des Sexualproblems, in einer mutigen Zielsetzung in der Richtung auf Liebe und Ehe. Unsere Kultur und ihre Einrichtungen nehmen den Erziehern einen Teil ihrer Arbeit ab. Andere Kleidung, andere Spiele, andere Erziehungsmaßnahmen versuchen den Entwicklungsgang richtig zu lenken. Das umgebende Leben, Analogien aus dem Tierreich, erzieherische Eingriffe, zumeist kameradschaftliche Aufklärung fördern die Einsicht in das sexuelle Geheimnis, Lektüre, Theater und Kino, häufig auch Verführung vollenden sie. Da ferner der Knabe überall in seinem Leben auf die Tatsachen der Liebe und Ehe stößt, da allen Erziehungsmaßnahmen auch eine gesellschaftliche Lösung der Liebes- und Ehefrage in der Zukunft als Voraussetzung vorschwebt, und da der wachsende Sexualtrieb nach einer solchen Lösung sucht, so gestaltet sich des Knaben Weltbild der Zukunft in diesem Sinne.

Die Stellung des Knaben zum anderen Geschlecht trägt in den ersten Jahren zumeist deutliche Zeichen einer feindlichen, überlegenen Haltung. Wütende Abneigung gegen weibliche Kleidung oder gar gegen die Zumutung, ein Mädchen zu sein, findet man oft als übertriebene Zeichen der Geschlechtsfindung. Auch in den späteren Knabenjahren tritt meist, selbst bei Koedukation, das Gefühl der Überlegenheit zutage, und wie gemäß einer Verpflichtung wird den Mädchen die Gleichberechtigung abgesprochen. »Vom Mädchen reißt sich stolz der Knabe!« Mitten in diese kritische Geste fallen oft Züge von Zärtlichkeit und Verliebtheit, oft schon im 4., 5. und 6. Jahre treten freundliche oder Neigungen kritischer, hämischer Art hervor. Ein Hang zur Neckerei, auch zu tätlichen Angriffen, ist nicht selten.

Der Sexualtrieb kann schon in den ersten Jahren zur Onanie Veranlassung geben. Durch Verführung kommt es nicht selten schon in der frühen Kindheit zu gegenseitiger Masturbation oder, besonders in den Elendsvierteln, zu normalem Geschlechtsverkehr. Beachtenswert ist auch bei der Entwicklung von Knaben, um wieviel leichter es für sie ist, in mutueller Onanie den Weg zur Homosexualität zu beschreiten als den Weg zur Norm zu gehen. Das 14. Jahr bringt zumeist die entscheidende Wendung zur Onanie, der fast alle Knaben verfallen, um sich früher oder später daraus zu befreien. Um

diese Zeit der Pubertät macht sich der gedrosselte Sexualtrieb in mehr oder weniger häufigen Pollutionen Luft. Ermüdungserscheinungen und schlechtes Aussehen in dieser Zeit sind fast immer Folgen der Angst vor Erkrankung oder irgendwelcher Entwicklungsstörungen. Onanie und Pollutionen der Pubertäts- und Jünglingszeit können restlos überstanden werden. Halten sie lange Jahre an, so sind sie als Versuche zu werten, die Frau auszuschalten.
In der Pubertät und kurz nachher findet man zumeist die Gestaltung eines Mädchenideals, das meist deutlich Züge einer nahestehenden Person aufweist. Dieses Idealbild ist späterhin oft einem Wechsel unterworfen, ebenso wie auch andere Ideale oft zerfließen. Auch die Furcht, dieses Bild oder ein dieses Bild verkörperndes Mädchen durch sinnliche Gedanken zu beschmutzen, ist nicht selten wahrzunehmen. Daneben können in Phantasien die ausschweifendsten Bilder Platz nehmen. Häufig stellt die Onanie die Verführerin dar, sinnliches Verlangen in die Wirklichkeit zu übertragen. Neben dieser Reinheit der Gesinnung findet man oft unvermittelt nahe den Hang zu derber Sinnlichkeit oder auch die Aufnahme sexueller Beziehungen, zu denen sich in der Linie des geringsten Widerstands meist Prostituierte oder dienende Mädchen einfinden. Beides sind allzeit bereite Ventile, die den Weg zur Liebe und zur Ehe manchmal dauernd verfehlen lassen. Zu beiden Irrwegen aber leiten die Jugend oft aufmunternde Stimmen von gelehrten und ungelehrten Erziehern. Sie zu schließen, wird nur denjenigen gelingen, die nicht der unbedingten Notwendigkeit des frühzeitigen Geschlechtsverkehrs das Wort reden, die aber auch nicht davor zurückschrecken, einer wirklichen Liebe, wo beide füreinander einstehen wollen, ihr volles Recht zu geben.
Sitten und Gebräuche der Gesellschaft, Zusammenkünfte, Tanz, beiden Geschlechtern gemeinsame Unternehmungen fördern und begünstigen die nunmehr eingetretene Hinneigung zu den Mädchen. Das Training zum Zusammenschluß bleibt ununterbrochen im Gang. In Gedanken, auf der Straße, im Theater, bei bildlichen Darstellungen erfolgen unausgesetzt Anregungen, die der Neigung zur Liebe und Ehe zum Durchbruch verhelfen. Die Eheschließung ist freilich in hohem Maße mit materiellen Fragen und mit der Berufsfrage verknüpft. Bis dahin gibt es eine verhältnismäßig lange Zeit-

spanne, in der allzu viele in sexuelle Verwahrlosung oder in Geschlechtskrankheiten verfallen.
Tritt der Mann dann an die Ehe heran, so hat er es nicht bloß mit den kategorischen Forderungen der Ehe[2] zu tun, sondern er trägt in die Ehe auch fast immer seine individuellen Forderungen hinein, die oft darin keinen Platz haben und das Verhältnis stören. Die neue Situation wird ein Prüfstein auf seine Vorbereitung zur Ehe. In seiner Vorbereitung wird sich unter allen Umständen seine Weltanschauung und auch seine Stellung zur Frau spiegeln. Schon seine Wahl wird durch seine ideale Forderung an die Frau und an die Ehe gelenkt.
Je nachdem, ob er mit seiner Mutter, mit seiner Schwester zufrieden gewesen ist, ob er sich ihnen gegenüber Geltung verschaffen konnte, wird das Mächen seiner Wahl diesen geistig und auch körperlich ähneln oder von ihnen abweichen. Ist er ein Mann, der sich nach Wärme sehnt, so wird er sich an Mädchen halten, von denen er sich Verzärtelung verspricht. Liebt er es, sich im Kampf durchzusetzen, so wird er solche suchen, die ihm stark erscheinen, andernfalls wird er in Wesen, Wuchs und Kraft jenen den Vorzug geben, die ihm leicht zu lenken scheinen. Daß dabei reichlich Irrtümer unterlaufen, ist weiter nicht verwunderlich. Vor allem weil kein Mädchen eine dauernde Unterwerfung verträgt.
Ist einer richtig auf die Ehe geschult, so hängt der weitere Verlauf der Ehe und seiner sexuellen Haltung ganz von seiner Mitspielerin ab. Versteht auch sie den Einklang herzustellen, so werden beide bis an ihr Lebensende das Bild einträchtiger Erotik geben. Dieser Fall dürfte selten sein, ein Beweis für die mangelhafte Erziehung des Nachwuchses für die Ehe. Innig verbunden mit der Erotik wird sich in solchen Fällen das Gefühl unbedingter Kameradschaft entwickeln, so daß unangenehme Weiterungen ausgeschlossen sind oder leicht überwunden werden. Auch für den Nachwuchs wird in solchen Ehen Platz genug übrig sein, die in die gleiche Kameradschaft aufgenommen werden. Die erotische Frage wird eine gemeinsame Lösung erfahren, wird nicht als Diktat des anderen empfunden werden, keiner wird sich als Objekt fühlen. Die erotische Zugehörigkeit wird durch nichts eine Trübung erfahren, bis sie in späteren Jahren, oft über das 60. Jahr hinaus,

2 ADLER, Die Ehe als Aufgabe, in: »Buch der Ehen«, hg. v. H. KEYSERLING, Celle 1925.

langsam erlischt. Der Sexualverkehr wird keine Mängel zeigen, wird auch nicht zu Verstimmungen noch zu Abgeschlagenheit oder Traurigkeit Anlaß geben.

Anders die schlecht Vorbereiteten. Man kann zwei Haupttypen unter ihnen unterscheiden. Ihre mangelhafte Vorbereitung wird sich unter allen Bedingungen, ohne daß sie selbst darüber Aufschluß geben können, in der neuen Situation nach der Pubertät, in der Zeit der möglichen und sogar gewünschten Erotik schmerzlich fühlbar machen. Ein Gefühl der Unsicherheit, des mangelnden Vertrauens zu sich selbst, läßt in der Erotik, demnach in der Frau und in der Hingabe an sie mehr oder minder große Gefahren für ihren eigenen Geltungsbereich erblicken. Sie werden jene Geradlinigkeit vermissen lassen, die ein Haupterfordernis gesunder Erotik darstellt. In ihrem Gebaren werden sich Umwege und Abbiegungen zeigen, deren stärkste wir in der Homosexualität und in der Autoerotik erblicken. Aber auch alle anderen Verschiebungen des Sexualzieles wie Fetischismus, Sadismus, Masochismus und perverse Manieren decken uns die alte Unsicherheit auf und die Versuche, private Lustbefriedigungen an Stelle von gesellschaftlich gebotenen zu setzen, um so einer Entscheidung über eigenen Wert und Unwert aus dem Wege zu gehen. Auch die Wahl von Prostituierten und die Neigung für leicht lösliche konsequenzenlose Bindungen verraten den gleichen Schwachmut. Wer diese Dynamik richtig verstanden hat, wird auch im Don Juan und in der Unterstreichung polygamer Neigungen leicht den Grad von Mutlosigkeit abzuschätzen wissen, der denjenigen Männern eignet, die nichts zu Ende führen wollen und lieber nach billigen Erfolgen angeln. Die Erotik ist »Zweisamkeit« (NIETZSCHE), Leistung zweier gleichwertiger Partner. Das Streben des einen, auf Kosten des anderen hervortreten zu wollen, in der Liebe, die dafür keinen Platz hat, Eitelkeiten zu befriedigen, ist Mißbrauch, Unart und sprengt das Gefüge der Erotik, weil es mit den Gesetzmäßigkeiten der Liebe nicht rechnet.

Der Elan des Sexualtriebes ist wandelbar und sicherlich nicht ein für allemal als Konstitutionsformel gegeben. Man beobachtet oft Aufflammen desselben bei früher gemäßigtem Verhalten und umgekehrt. Sicherlich kann die Beschäftigung mit sexuellen Eindrücken, Bildern, Lektüre, Gesprächen eine Erhöhung der sexuellen Spannung hervorrufen, weil berechtigte oder unberechtigte Hemmungen dadurch zum Wegfall kommen können. Auch in gewissen Grenzen geübte Enthaltsamkeit führt meist Steigerungen herbei. Beiderlei Erfahrungen haben oft in oberflächlicher Weise therapeutische Maßnahmen gezeitigt. Daß Entbehrung von Sexualbefriedigung und Verweigerung zu erhöhtem Begehren Anlaß gibt, allzu willfähriges Gewähren Abstumpfung erzeugt, sind bekannte Tatsachen.

Das erotische Verhalten des Mannes ist, wie wir sehen, von verschiedenen Faktoren abhängig. Einen etwaigen primären, unbeeinflußten sexuellen Impuls können wir weder feststellen noch besitzen wir ein Maß für seine Stärke, weil wir immer die starken Beeinflussungen im Bilde haben. Nicht einmal bei Männern, die sich ganz von der Liebe und von der Ehe abgekehrt haben, sind wir, einen einzigen Fall ausgenommen, imstande, über die Stärke des Sexualtriebes etwas auszusagen, weil in diesen Fällen zumeist ein Training der Abkehr vorliegt, Hemmungen, die durch die meist neurotische Eigenart des Betreffenden verschuldet sind. Nur bei eunuchoidem Habitus und stark verkümmerten, zum Sexualverkehr untauglichen Genitalien, bei ganz infantilen Sexualorganen, wie sie z. B. bei Hypophysenerkrankungen vorkommen, nach frühzeitiger Kastration und bei gewissen Erkrankungen wie Diabetes und schweren Nierenaffektionen sowie bei Tabes dorsalis usw. können wir uns gestatten, aus den offensichtlichen Tatsachen auf eine organisch bedingte impotentia coeundi und auf Mangel des Sexualtriebes Schlüsse zu ziehen. Ebenso finden wir begreiflich, daß im Alter der Sexualtrieb schwächer wird, um etwa um das 70. Lebensjahr herum zu erlöschen.

Die weitaus meisten Formen von impotentia coeundi sind aber, ebenso wie die ejaculatio praecox und Fehlen der Ejaculation durch psychische, immer irrtümlich entstandene Hemmungen hervorgerufen und können durch zweckentsprechenden Wegfall dieser Hemmungen beseitigt werden. Das souveräne Mittel ist eine Umwandlung der Persönlichkeit in einen mutigen, selbstbewußten Mitmenschen. Eine solche Umwandlung sollte in klar überlegter Weise, am besten nach Grundsätzen der Individualpsychologie, durchgeführt werden. Es ist aber nicht zu leugnen, daß sie sich manchmal vollzieht auf irgendein Wort oder Eingreifen des Arztes, ohne daß einer von beiden merkt, daß sich der Mut des Patienten hebt. Daß die gleiche Wirkung auch gelegentlich Medikamenten, den sogenanten Aphrodisiaca, zukommt, ist, wenn man ihre Unzuverlässigkeit beobachtet hat, kein Zweifel. Recht häufig bedeutet schon der Gang zum Arzt in solchen Fällen sich aufbäumende Kraft, die nur noch den stärkenden Zuspruch des Arztes sucht. In solchen Fällen kann jede Therapie Erfolg haben.

Seit urdenklichen Zeiten bemühten sich Gelehrte und Ungelehrte, Mittel ausfindig zu machen, um den erotischen Impuls zu stärken. Gebete, Amulette, Zaubergetränke, erotische Abbildungen und Tierhoden, später Extrakte der letzteren nach des berühmten BROWN-SÉQUARDS Rat, sollten der sinkenden Manneskraft nachhelfen. In der letzten Zeit bemühen sich STEINACH und seine Anhänger, WORONOFF u. a. teils durch einseitige Hodenausschaltung oder durch Implantation von Hoden dieses Ziel zu erreichen. Nach den obigen Ausführungen fallen die Mißerfolge entscheidender in die Waagschale als etwaige Erfolge. STEINACHS Anschauung über die »Pubertätsdrüse« steht wohl noch in Diskussion, findet aber immer mehr entschiedene Gegner.

Mehr als Voraussetzung und weniger als Feststellung findet man, wie oben[3] auseinandergesetzt wurde, die Anschauung vertreten, daß die sexuelle Stellung des Mannes zur Frau in erster Linie oder einzig von der Wertigkeit der männlichen Keimdrüsen abhängig sei oder (SCHOPENHAUER, MÖBIUS, FLIESS, WEININGER, HIRSCHFELD) von einem weiblichen Einschlag in der körperlichen Organisation des Mannes. Die experimentellen Arbeiten STEINACHS, die vielen als Beweis gelten – Vermännlichung weiblicher Ratten, Verweiblichung männlicher, durch entsprechende Keimdrüsenänderungen –, zeigen nur krasse Gegensätzlichkeiten, nicht aber die feinen Nuancen, denen wir bei Männern begegnen. Jedenfalls ist es fraglich, ob selbst bei der extremsten künstlichen Effemination des Mannes, z.B. infolge von Kastration oder von Implantation von Ovarien und allen denkbaren körperlichen Folgeerscheinungen, eine seelische Umwandlung erfolgen müßte, wie sie bei Ratten beschrieben wird. Die zahlreichen Fälle von Pseudohermaphroditen, die ihrer Erziehung und Vorbereitung gemäß weibliche Artung angenommen haben, ohne fest-

[3] Vgl. Das Problem der Homosexualität, vgl. ob. S. 78ff: Zusammenf. Betrachtungen.

stellbare Keimdrüsenveränderungen aufzuweisen, die Eunuchen und Eunuchoiden, deren männliches Gebaren nicht bezweifelt werden kann, sprechen dafür, daß die seelische Vorbereitung bei Menschen eine ungleich größere Rolle spielt als beim Tier.
Wie bedeutsam aber beim Manne die Hemmungen oder ihr Wegfall für die geschlechtliche Haltung zur Frau sind, geht aus zahlreichen Erscheinungen des Liebeslebens hervor. Seelische Verstimmung kann den Elan ebenso zum Verschwinden bringen als auch zum Aufflammen anderen Frauen gegenüber. Insbesondere sind Rachegedanken gegen die eine Frau leicht imstande, die Liebe zu einer anderen zu entzünden. Ebenso bricht die Sexualität häufig zusammen, wenn einem der Ehe abgeneigten Junggesellen eine Ehe in drohende Nähe rückt. Satyriasis, eine andauernde Erregtheit der Genitalien, beobachtet man (außer bei Leukämie!) gelegentlich bei dauernden Verhinderungen des Geschlechtsverkehrs. Bei Manischen ist es der Wegfall von Hemmungen, der an der sexuellen Erregtheit die Schuld trägt. Bei Paralytikern, Altersdementen und Alkoholisierten findet man ebenso stärkeres als schwächeres sinnliches Begehren.

Wir kommen demnach zu dem Schlusse, daß die Art und der Grad des sexuellen Verhaltens beim Manne wie bei der Frau sich aus seiner Persönlichkeit herleitet, im allgemeinen seine Aktivität widerspiegelt und bei annähernd intakten Sexualorganen ein Erfolg seiner Vorbereitung und seines Trainings ist.
Es ist kein Zweifel, daß der ungefähr normal entwickelte Mensch auf das erotische Ideal hin, das ihm vorschwebt, unausgesetzt trainiert, und die Summe dieses Trainings kann gar nicht zu groß genommen werden: es ist der Gang auf die Straße, der Umgang mit dem anderen Geschlecht, es ist die Vergleichung mit anderen Geschlechtsgenossen usw., kurz: es besteht ein unausgesetztes Training für die Geschlechtsrolle und für das sexuelle Ideal, das einem Menschen vorschwebt. Infolgedessen darf es uns nicht wundernehmen, daß, wenn wir schon die Irrtümer in der Fehlentwicklung eines Menschen aufgedeckt haben, wir noch immer vor einer Schwierigkeit stehen: es ist ungefähr so, wie wenn wir einen Linkshänder, der nichts davon gewußt hat, daß er von der Natur stiefmütterlich

mit einer ungelenken rechten Hand begabt sei, diesen Mangel zu fühlen geben; damit allein erreicht er die Gleichwertigkeit seiner Leistung nicht. Die schwierige Aufgabe ist nun: Menschen, die in der sexuellen Entwicklung außerhalb des Normalen geraten sind, das Training, das bei den Normalen eine so ungeheure wichtige Rolle spielt, nachholen zu lassen.
Die Schwierigkeit dieser Aufgabe ist zu ermessen, wenn wir uns daran erinnern, daß wir den Geschlechtsverkehr ohne Liebe als eine Unart bezeichnet haben, zu der zu erziehen, nicht die Aufgabe des Arztes sein kann, auch wenn er sie derzeit nicht aus der Welt zu schaffen vermag. Ich möchte niemand mit Prostituierten in Verbindung bringen oder ihm irgendwelche Liebesabenteuer nahelegen. Es wiederholt sich hier genau dieselbe Schwierigkeit, die wir an allen Erziehungsfragen finden, wo andere von einem »Mangel an Begabung« sprechen: es handelt sich darum, wie man schlecht vorbereitete und schlecht trainierte Menschen zu einem besseren Training bringen kann, ohne ihnen und der Allgemeinheit Schaden zuzufügen. Daß die Methode hier die ausschlaggebende Rolle spielt, ist zweifellos. Der wichtigste Bestandteil der individualpsychologischen Methode zum Nachholen, zum Ersatz des mangelhaften sozialen Trainings, dieses Gefühlstrainings und Trainings des Verhaltens, das zur Entfaltung eines normalen Liebeslebens gehört, besteht in der Ermutigung – im Sinne des verantwortungsbewußten, kooperationsfähigen Gemeinschaftsgefühls[4], in einer besseren Einfügung in die Logik des menschlichen Zusammenlebens, von dem das Liebesleben ein Teil ist, in einem besseren Verstehen des Sinns des Lebens.

[4] Vgl. ADLER, Erotisches Training und erotischer Rückzug, in: »Verhandlungen des I. internationalen Kongresses für Sexualforschung« (zu Berlin 1926), redigiert von Dr. MAX MARCUSE, III. Bd., Berlin und Köln 1928.

Namenregister

Sachregister

Alfred Adler
Werkausgabe

Herausgegeben von Oliver Brachfeld (†), Wolfgang Metzger (†), Heinz L. Ansbacher und Robert F. Antoch

Studie über Minderwertigkeit von Organen (1907; 1927)
Band 6349

Über den nervösen Charakter (1912; 1928) · Band 6174

Heilen und Bilden (1914; 1928) · Band 6220

Praxis und Theorie der Individualpsychologie (1920; 1930) · Band 6236

Menschenkenntnis (1927; 1947) · Band 6080

Die Technik der Individualpsychologie
Teil 1: **(1928)** · Band 6260
Teil 2: **(1930)** · Band 6261

Individualpsychologie in der Schule (1929)
Band 6199

Lebenskenntnis (1929; 1978)
Band 6392

Psychotherapie und Erziehung
Ausgewählte Aufsätze
Band I.: **(1919–1929)** · Band 6746
Band II.: **(1930–1932)** · Band 6747
Band III.: **(1933–1937)** · Band 6748

Neurosen (1929; 1981)
Band 6735

Das Problem der Homosexualität (1930) · Band 6337

Kindererziehung (1930; 1976)
Band 6311

Das Leben gestalten (1931; 1979)
Band 6393

Wozu leben wir? (1931; 1979)
Band 6708

Der Sinn des Lebens (1933)
Band 6179

Alfred Adler / E. Jahn
Religion und Individualpsychologie
Band 6283

Fischer Taschenbuch Verlag

fi 83 / 4

Psychologie

Eine Auswahl

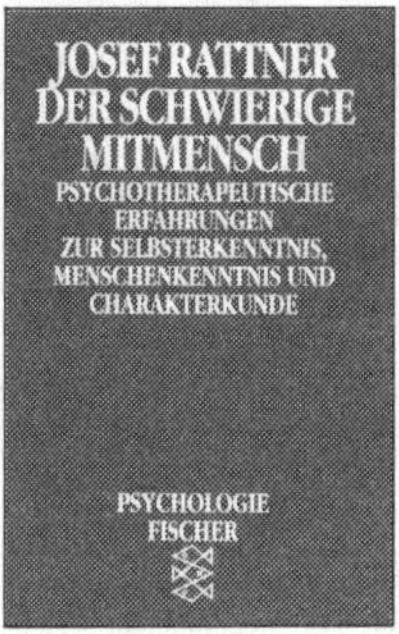

Arthur Janov
Der neue Urschrei
Fortschritt in
der Primärtherapie
Band 11554

Arthur Koestler
Die Armut der Psychologie
Zwischen Couch und
Skinner-Box und
andere Schriften
Band 4616

Marianne Krüll
Freud und sein Vater
Die Entstehung der
Psychoanalyse und
Freuds ungelöste
Vaterbindung
Band 11078

Margaret S. Mahler
Studien über die drei ersten Lebensjahre
Band 10798

Josef Rattner
Psychotherapie als Menschlichkeit
Band 6253
Tugend und Laster
Tiefenpsychologie als
angewandte Ethik
Band 10410

Reimut Reiche
Geschlechterspannung
Eine psychoanalytische
Untersuchung
Band 10329

Rainer Schmidt
Träume und Tagträume
Eine individual-
psychologische
Analyse
Band 10649

Rainer Schmidt (Hg.)
Die Individualpsychologie Alfred Adlers
Band 6799

Harry Stroeken
Freud und seine Patienten
Band 10856

Erwin Wexberg
Zur Entwicklung der Individualpsychologie
und andere Schriften
Herausgegeben von
Gerd Lehmkuhl
Band 4619

Fischer Taschenbuch Verlag

fi 1191 / 5 b

ZEITSCHRIFTEN

Anthony Giddens
Wandel der Intimität
Sexualität, Liebe und Erotik in modernen Gesellschaften

Aus dem Englischen von Hannah Pelzer
Deutsche Erstausgabe
Band 11833

Welche Auswirkungen die Veränderungen der letzten zwei Jahrzehnte auf Sexualität, Liebe und Beziehungen gehabt haben, ist das Thema des neuen Buches von Anthony Giddens. Der Anteil, der den Frauen an dem Wandel der Intimität in den westlichen Gesellschaften zukommt, ist immens. Entstanden ist jedoch nicht ausschließlich eine offenere und im besten Fall gleichberechtigtere Privatsphäre, sondern darüber hinaus eine Möglichkeit zur radikalen Demokratisierung unserer heutigen Lebenswelten.

Fischer Taschenbuch Verlag

fi 1408 / 1